Paris, ville capitale ?

ANTHOLOGIE

Avec des playlists et des chansons dédiées

▶ Tous les documents clés expliqués sur le thème du programme 2024-2025 de l'épreuve de Culture générale et expression

Sélection et présentation
de **Johan Faerber**
Certifié de lettres modernes
Docteur ès lettres modernes

sommaire

Présentation du thème   7

CHAPITRE 1
Paris, ville capitale et centrale   9

Pour entrer dans le vif du sujet...   10

Un film : *Minuit à Paris*, de Woody Allen, 2011
Une chanson : *Paris t'es belle*, par Mickey 3D, 2009

A Paris, capitale politique   13

1. Une concentration du pouvoir politique
- M. PINÇON et M. PINÇON-CHARLOT, « Paris, ville capitale », *Sociologie de Paris*   14

2. La capitale des bouleversements politiques
- E. DELACROIX, *La Liberté guidant le peuple*   16

3. La capitale mondiale du peuple
- V. HUGO, « Suprématie de Paris », *Paris*   17

B Paris, capitale de la réussite sociale et économique   19

4. La capitale des ambitieux
- H. DE BALZAC, *Le Père Goriot*   20

5. Le capitalisme immobilier du baron Haussmann
- L. FLÉCHAIRE, « Les comptes d'Haussmann »   23

6. La capitale de la grande bourgeoisie
- J. BÉRAUD, *Après l'office à l'église de la Sainte Trinité, Noël 1890*   26

© Hatier Paris 2023 – ISBN 978-2-278-10559-5

C Paris, capitale culturelle — 26

7. Le centre culturel du pays
- C. Charle, « La centralisation culturelle »,
Paris, « capitales » des XIXᵉ siècles — 28

8. Une source d'inspiration artistique majeure
- G. Apollinaire, « Zone », *Alcools* — 31

9. La capitale mondiale de la mode
- G. Stein, *Paris-France* — 33

10. Un art de vivre inimitable
- E. Hemingway, *Paris est une fête* — 35

11. Un Paris de carte postale
- D. Star, *Emily in Paris* ◉ — 37

PLAYLIST N° 1 — 38

CHAPITRE 2
Paris, une capitale contestée — 41

🎬 🎵 *Pour entrer dans le vif du sujet…* — 42

Un film : *La Haine*, de Mathieu Kassovitz, 1995 ◉
Une chanson : *Paris*, par Taxi Girl, 1984

A Une capitale des désillusions — 45

12. Une capitale à la beauté surévaluée ?
- J.-J. Rousseau, *Les Confessions*, Livre IV — 47

◉ Ce logo renvoie aux images qui figurent, selon le cas, en 2ᵉ, 3ᵉ de couverture ou dans le cahier photos au centre du livre.

13. Une capitale sans âme
• G. Apollinaire, *Le Flâneur des deux rives* — 49

14. Une ville des inégalités sociales
• R. Quirot, *Apaches* ◉ — 52

15. Une gentrification galopante
• C. Calvet, « Habiter Paris est un signe clair de domination sociale » — 53

B Une capitale contre la province ? — 56

16. Le décalage entre Paris et la province
• H. de Balzac, *La Muse du département* — 58

17. Paris, symbole oligarchique ?
• V. Camu et H. Lucas, Désordre sur les Champs-Élysées lors d'une manifestation des Gilets jaunes ◉ — 60

18. La province injustement reléguée
• F. Mouchon, « En province, certains ont le sentiment de compter pour rien » — 61

C Une capitale asphyxiée — 63

19. La capitale mondiale de la pollution
• F. Fife, La tour Eiffel et les toits de Paris à travers une brume de pollution ◉ — 64

20. Une capitale en manque d'espaces verts
• A. Foulon, « Île-de-France : plus de la moitié des communes du cœur de métropole manque d'espaces verts » — 65

21. Paris, victime d'un exode urbain ?
• M. Durand, « Pourquoi Paris se vide de ses habitants ? » — 68

PLAYLIST N° 2 — 71

CHAPITRE 3
Paris face aux défis du XXIe siècle — 75

Pour entrer dans le vif du sujet... — 76
Un film : *Revoir Paris*, d'Alice Winocour, 2022
Une chanson : *Un automne à Paris*, par Louane, 2016

A — Paris quand même — 79

22. Aimer Paris en dépit de tout
- P. Verlaine, « Paris », *Poèmes divers* — 80

23. Se réapproprier la capitale ?
- É. Hazan, *Le Tumulte de Paris* — 82

24. L'exode urbain, un mythe médiatique ?
- T. Sardier, « L'exode urbain, ce n'est pas pour toute fuite » — 85

B — Quelles nouvelles orientations pour Paris ? — 88

25. Mettre fin au jacobinisme : décentraliser le pouvoir
- G. Koenig, « Pour en finir avec le jacobinisme » — 89

26. Améliorer le cadre de vie des Parisiens
- A. Ní Chúláin et N. Davlashyan, « Qu'est-ce que la ville du "quart d'heure" et comment peut-elle changer nos vies ? » — 92

27. Corriger les inégalités territoriales
- E. Szeftel, « À Paris, la mixité sociale est forte et se maintient » — 96

C Des chantiers prometteurs ? *100*

28. Le Grand Paris
• F. Choulet et J.-G. Bontinck, « Tout ce que le Grand Paris va changer pour vous » *101*

29. Les Jeux olympiques 2024
• F. Hulleu, Visuel du projet de la cérémonie d'ouverture des Jeux olympiques Paris 2024 sur la Seine ◉ *106*

30. Paris, ville du XXIe siècle
• J.-C. Bailly, *Paris quand même* *107*

PLAYLIST N° 3 *109*

Annexes
• 4 sujets blancs guidés *112*
• 4 fiches méthode *116*
• Tous les documents classés par genre *125*

LES PLAYLISTS : MODE D'EMPLOI

➤ Au fil de l'anthologie, les **références musicales commentées** sont associées aux documents avec, dans la marge, un numéro qui renvoie à la playlist figurant à la fin du chapitre.

➤ Les trois playlists (p. 38, 71 et 109) sont accessibles sur la **chaîne YouTube** des éditions Hatier : **Playlists « BTS – Paris »**.

Présentation du thème

En décembre 2022, la planète vit au rythme du phénomène *Emily in Paris*, la série à succès de Netflix, dont la troisième saison bat des records d'audience avec plus de 200 millions d'heures visionnées en une seule semaine !

En France, les professionnels du tourisme se frottent les mains : de la mythique tour Eiffel à la discrète place de l'Estrapade, les **lieux emblématiques** fréquentés par l'héroïne voient déferler des hordes de fans venus du monde entier. Jamais la capitale française n'a fait l'objet d'un tel **engouement** !

Cependant, au-delà de ce décor de carte postale qui ravit les visiteurs, Paris est-elle encore cette ville capitale, **centrale et incontournable** pour le pays comme pour le monde, qu'elle prétend être depuis le XIXe siècle ? Bénéficie-t-elle toujours du même prestige politique, économique et culturel ? La **centralisation du pouvoir** en son sein n'a-t-elle pas finalement éclipsé le reste du pays ? Paris ne doit-elle pas désormais faire le **pari de l'ouverture** pour affronter les défis du XXIe siècle ?

PARIS, VILLE CAPITALE ET CENTRALE

Ce n'est pas un hasard si les producteurs d'*Emily in Paris* ont choisi la capitale française comme cadre des aventures de la jeune Emily Cooper. Hier comme aujourd'hui, Paris exerce un indéniable **pouvoir de fascination**. De fait, à la différence de bien d'autres capitales, Paris présente la particularité d'être à la fois la **ville la plus peuplée du pays** et d'en être le centre politique, économique, social et culturel.

Capitale politique où siègent les pouvoirs exécutif et législatif, Paris est aussi la **capitale économique et sociale** de la France. **Capitale culturelle** enfin, Paris concentre les lieux d'échanges intellectuels, rassemble les artistes les plus en vue et lance les tendances. Ne considérait-on pas déjà au XIXe siècle, avec l'avènement du capitalisme, qu'il fallait « monter à Paris » pour réussir sa carrière et sa vie ? Mais qu'en est-il aujourd'hui ? Paris suscite-t-elle toujours autant d'aspirations ?

Paris, ville capitale ?

PARIS, UNE CAPITALE CONTESTÉE

Au fil des siècles, le **caractère hégémonique de la capitale** n'a fait que se renforcer. La province, pourtant si vaste et si peuplée, s'en est trouvée **invisibilisée**. Socialement, politiquement et économiquement, elle se sent souvent reléguée au second plan. Mais si, depuis quelques années, une véritable contestation se fait sentir en province contre ce pouvoir centralisateur, les Parisiens eux-mêmes ne sont pas avares de critiques à l'égard de la capitale. Nombreux sont ceux qui, désillusionnés, se sentent souvent pris au piège d'une **ville trop chère**, où il est de plus en plus difficile de se loger et de vivre décemment, encore **trop éloignée des normes écologiques** en vigueur, et où une **gentrification galopante** repousse hors de Paris les catégories sociales les moins favorisées.

PARIS FACE AUX DÉFIS DU XXIe SIÈCLE

Toutefois, malgré tous ces défauts, un **lien affectif particulier** lie la ville à ses habitants. Même exaspérés par le coût de la vie et la fatigue quotidienne du « Métro, boulot, dodo », nombre de Parisiens reconnaissent, presque malgré eux, leur **bonheur de vivre à Paris** dont certains s'étaient pourtant éloignés après la pandémie du Covid-19, en 2020.

Mais ce retour à la capitale ne doit cependant pas se faire à tout prix car il apparaît désormais urgent de préparer Paris aux défis du XXIe siècle. Une **véritable politique de décentralisation** doit être mise en place afin de rendre la vie en province moins tributaire des décisions de la capitale. Par ailleurs, la ville, souvent dépeinte comme élitiste et fermée, doit redevenir une **ville habitable et donc ouverte aux autres et au monde**. Dès lors, comment ne pas considérer les Jeux olympiques de 2024 et le projet du Grand Paris comme les occasions rêvées de relever ce défi d'ouverture ? Ce n'est certainement pas Emily qui dirait le contraire !

CHAPITRE 1

Paris, **ville capitale** et **centrale**

et pour entrer
dans le vif du sujet…

p. 10

Pour entrer dans le vif du sujet...

UN FILM :
Minuit à Paris, de Woody Allen (2011)

● Présentation du film

Gil Pender, romancier et scénariste américain, est un amoureux de la capitale française qui vit dans la nostalgie du Paris des années 20. En 2010, alors qu'il peine à achever son premier roman, il décide de se rendre dans la Ville lumière en compagnie de sa fiancée, Inez, et des parents de la jeune fille qui apprécient peu la capitale.

Peu enclin à fréquenter les mêmes lieux que son entourage, Gil aime errer seul dans cette ville qu'il trouve si inspirante. Un soir, après les douze coups de minuit, il est comme par enchantement transbordé dans un étrange taxi des années 20. À l'intérieur de celui-ci se trouvent les Américains les plus célèbres des Années Folles, Scott Fitzgerald et Zelda, qui l'entraînent dans les lieux mythiques de Paris à la rencontre de personnalités marquantes d'alors : Cole Porter, Hemingway, Dali ou encore Picasso. Chaque nuit à minuit, Gil Pender revit quelques heures de ce fameux âge d'or.

● Le lien avec le thème

Éternel amoureux de Paris, Woody Allen rend doublement hommage à la capitale française. Le cinéaste américain filme la ville à travers ses monuments célèbres et ses lieux les plus secrets, pour en capter l'âme et en souligner la splendeur, à ses yeux, indépassable.

En faisant surgir du passé d'illustres personnages qui contribuèrent au bouillonnement culturel de Paris durant les Années Folles, le cinéaste cherche à souligner le rôle majeur que la ville a pu jouer auprès de nombreux artistes.

Si Paris inspire par sa beauté, la capitale est aussi un lieu de rencontres intellectuelles et amicales qui stimulent la créativité.

▶ Observez l'affiche du film
2ᴇ DE COUVERTURE

1. Quelles sont les différentes composantes de cette image ?

2. Où se promène Gil ?
3. À quelle œuvre d'un peintre célèbre fait penser ce ciel ? Pourquoi faire référence à ce peintre ? Que suggère ce mélange entre photographie et peinture ?

▶ **Visionnez le film et commentez-le !**
1. Sur quoi se concentrent les premiers plans du film qui suivent immédiatement le générique ? Pourquoi Woody Allen choisit-il d'accumuler ces vues ?
2. Dans quelle atmosphère se déroule la soirée parisienne organisée par Jean Cocteau à laquelle Gil assiste ?
3. Où Gil rencontre-t-il Salvador Dali ? En quoi cette scène fait-elle éprouver de la nostalgie au protagoniste pour le Paris mythique des années 20 qu'il n'a pas connu ?

UNE CHANSON :
Paris t'es belle, par Mickey 3D (2009)

https://www.youtube.com/watch?v=lmo_I69auhQ

● **Présentation du groupe**

Groupe de rock originaire de Montbrison, Mickey 3D se distingue par un registre musical original mêlant à l'exigence de la chanson réaliste la légèreté des ritournelles pop.

● **Le lien avec le thème**

Sur un rythme entraînant, ce tube, composé en 2009, évoque des lieux symboliques de la capitale et décrit le sentiment de liberté qu'on éprouve en s'y promenant. Mais « Paris t'es belle » est avant tout une déclaration d'amour de Mickey 3D à la capitale française, symbole de l'amour romantique.

▶ **Écoutez d'autres chansons en lien avec le thème du chapitre.**
PLAYLIST N° 1 • p. 38-40

« **A**joutez deux lettres à Paris : c'est le paradis », affirmait l'écrivain Jules Renard en une formule que ne renierait pas Woody Allen. Si, dans *Minuit à Paris*, le personnage de Gil plonge avec émerveillement dans le passé de la capitale française pour y retrouver la richesse culturelle des Années Folles, c'est parce que Paris n'est pas une ville comme les autres en France, ni une capitale comme les autres dans le monde. Hier comme aujourd'hui, Paris fascine et représente pour beaucoup la capitale par excellence, qui concentre toute la vie d'un pays.

Paris est en premier lieu une **capitale politique** : la plus grande ville de France est le siège de tous les pouvoirs, aussi bien exécutif que législatif. C'est à Paris que le président de la République exerce ses fonctions, que le Premier ministre dirige le Gouvernement, que tous les ministères sont établis et que les deux chambres du Parlement, l'Assemblée nationale et le Sénat, siègent. Une telle concentration des lieux de pouvoir fait également de Paris la capitale de tous les soulèvements populaires.

Mais Paris incarne aussi le **lieu de la réussite sociale et économique**. Qui veut faire carrière en France sait qu'il doit « monter à Paris », selon l'expression utilisée au début du XIXe siècle. La capitale apparaît comme la ville de tous les possibles et des ascensions sociales fulgurantes. Sous le Second Empire (1852-1870), qui voit le développement du capitalisme, elle fait l'objet de colossaux travaux de modernisation, si bien qu'au début du XXe siècle, elle s'impose sur la scène internationale comme la **capitale de l'opulence**.

Enfin, comment parler de Paris sans évoquer la **capitale culturelle** qu'elle incarne pour beaucoup ? Patrie des poètes, Paris inspire à nombre d'artistes des rêveries autour de ses monuments iconiques, des flâneries sur les bords de Seine ou encore des soirées chaleureuses dans ses grandes brasseries mythiques comme le Café de Flore ou la Brasserie Lipp de Saint-Germain-des-Prés. «Paris est une fête» proclamait l'écrivain anglais Ernest Hemingway bien avant que la série *Emily in Paris* n'en fasse sa devise.

A Paris, capitale politique

Pour confirmer le rôle prépondérant de l'agglomération parisienne au cœur de la France, le roi François Ier déclarait déjà au XVIe siècle: «Paris n'est pas une ville, c'est un pays.» Cette **primauté** s'exerce en premier lieu **sur le plan démographique.** Car, à la différence d'autres capitales administratives comme Washington aux États-Unis ou Brasilia au Brésil qui sont des villes de taille moyenne, Paris possède la particularité d'être la **ville la plus peuplée du pays**. Alors qu'elle comptait déjà au Moyen Âge plus de 200 000 habitants – nombre important pour l'époque –, la population parisienne compte en moyenne plus de 2 millions de résidents depuis la fin du XIXe siècle. Pôle démographique prépondérant, Paris s'impose également comme le **cœur politique de la France**.

Selon Michel Pinçon et Monique Pinçon-Charlot doc 1 • p. 14, Paris peut en effet être définie comme une capitale politique car y sont rassemblés tous les **lieux de pouvoir**. Cette concentration géographique témoigne d'une **centralisation politique** héritée d'une **conception jacobine de l'exercice du pouvoir**. C'est en effet le club des députés jacobins, alors très influent, qui, durant la Révolution française, défendit puis imposa l'idée d'une République indivisible dont les organes de décision se devaient d'être centralisés à Paris.

Cependant, une telle centralisation a son revers politique car, pour renverser un gouvernement, il suffit de concentrer ses efforts sur la capitale. Se révolter à Paris, ce n'est pas seulement mettre à mal la ville: c'est ébranler tout un pays. Le XIXe siècle, appelé aussi le siècle des révolutions, fait de Paris le **symbole des luttes révolutionnaires**, ainsi qu'en témoigne avec force le célèbre tableau du peintre Eugène Delacroix DOC 2 • p. 16, *La Liberté guidant le peuple*.

Paris, **capitale politique nationale mais aussi internationale**, telle est l'idée qui s'impose au fil de l'histoire, et notamment au XIXe siècle, auprès des autres nations. Vue de l'étranger, Paris apparaît comme le «**lieu de convergence**» non seulement du peuple qui se rebelle mais de toute la «communauté terrestre» selon les termes de Victor Hugo DOC 3 • p. 17 qui reconnaît en cela la «suprématie de Paris», un modèle à suivre pour les autres peuples.

DOC 1

Michel Pinçon et Monique Pinçon-Charlot
«Paris, ville capitale», *Sociologie de Paris* (2014)

♪ Armand Mestral, *Paris pour un beefsteak*, 1971 — 2

Dans leur essai Sociologie de Paris, Monique Pinçon-Charlot et Michel Pinçon s'interrogent sur la place centrale qu'occupe Paris en France. Contrairement à d'autres capitales dans le monde, Paris présente la particularité d'être à la fois la plus grande ville du pays et son cœur politique qui concentre les institutions politiques majeures.
Une telle concentration des lieux de pouvoir expliquerait pourquoi, selon les deux sociologues, Paris est la ville où s'expriment toutes les contestations nationales.

[**Une concentration du pouvoir politique**]

Dans le monde, il n'est pas rare que la capitale politique ne soit pas la ville principale dans le domaine de l'économie ou de la culture, ni même la plus peuplée. C'est le cas pour les États-Unis, le Brésil, les Pays-Bas ou l'Inde[1]. En France, la plus grande ville est aussi la capitale et concentre les institutions du pouvoir politique. De même pour les représentations diplomatiques et pour les administrations centrales. Jusqu'au siège de la FNSEA (Fédération nationale des syndicats d'exploitants agricoles), qui est situé 11, rue de la Baume, dans le 8e arrondissement, tandis que l'Assemblée permanente des Chambres d'agriculture occupe un ancien hôtel particulier de la famille de Ganay au 9 de l'avenue George V, dans le même arrondissement, à deux pas des Champs-Élysées.

La plupart des palais de l'État, la résidence du président de la République (palais de l'Élysée), celle du Premier ministre (hôtel Matignon), l'Assemblée nationale (palais Bourbon) ou le Sénat (palais du Luxembourg), furent les demeures de grands aristocrates avant d'abriter les élus du peuple. Pendant la Révolution, les biens des émigrés[2] furent confisqués. Les ministères et les ambassades s'installèrent dans le faubourg Saint-Germain. La Restauration[3] n'inversa pas le mouvement, d'autant que, progressivement, les modes de vie changèrent. Ce fut en partie sous la pression de l'élévation du coût de la domesticité[4], très nombreuse dans de telles demeures. Peu à peu nobles fortunés et grands bourgeois préfèrent le confort de vastes appartements à la majesté de palais devenus trop lourds à gérer.

Mais Paris est aussi le lieu privilégié de la contestation des pouvoirs établis. Les journées révolutionnaires du XIXe siècle et les mouvements sociaux du XXe y prirent souvent naissance. Sa turbulence[5] contribue à faire aussi de la capitale celle des manifestations qui rassemblent sur le pavé parisien d'imposants cortèges.

Sociologie de Paris, «Paris, ville capitale», © Éditions La Découverte, 2014 ■

---

1. Les capitales que sont Washington, Brasilia, Amsterdam ou New Dehli ne sont pas les villes les plus peuplées de leur pays respectif.
2. Durant la Révolution française, notamment entre 1789 et 1792, près de 30 000 nobles ont fui la France, abandonnant derrière eux leurs biens immobiliers.
3. La Restauration (1814-1830) : période de l'histoire de France correspondant à la restauration de la monarchie.
4. Domesticité : ensemble des domestiques qui servent dans une maison.
5. Turbulence : agitation, soulèvement.

3 questions pour vous guider...

1. L. 1-7 : quelle est la différence majeure entre Paris et certaines autres capitales dans le monde ?
2. L. 13-17 : quels sont les lieux de pouvoir concentrés dans Paris ?
3. Pour quelles raisons Michel Pinçon et Monique Pinçon-Charlot font-ils également de Paris la capitale des manifestations (l. 26-30) ?

DOC **2**

EUGÈNE DELACROIX
La Liberté guidant le peuple (1830)

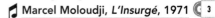 Marcel Mouloudji, *L'Insurgé*, 1971

[**La capitale des bouleversements politiques**]

Peintre français majeur du XIXe siècle, Eugène Delacroix (1798-1863) est une grande figure du courant romantique qui, s'écartant de l'art académique inspiré de l'Antiquité, privilégie les sujets d'actualité. La Liberté guidant le peuple – l'une de ses toiles les plus connues – représente les barricades parisiennes élevées lors de trois journées révolutionnaires (les 27, 28 et 29 juillet 1830) dites « les Trois Glorieuses ». Cet événement signe la fin de la Restauration et conduit à l'avènement de la monarchie de Juillet (1830-1848). La femme au centre du tableau est une allégorie de la Liberté brandissant le drapeau français. Elle rassemble le peuple parisien et le guide vers un nouveau régime politique. Élevé par le peintre au rang de légende, ce personnage emblématique des soulèvements de Paris est devenu Marianne, le symbole de la République française. CAHIER PHOTOS • P. I

3 questions pour vous guider...

1. Décrivez les différentes composantes du tableau.
2. Quel élément permet d'affirmer que la scène représentée se déroule à Paris ?
3. Pourquoi Eugène Delacroix choisit-il de placer au centre du tableau la figure de la Marianne révolutionnaire ?

DOC **3**

Victor Hugo
« Suprématie de Paris »,
Paris (1867)

🎵 Les Misérables, *Bonjour Paris*, 1991

Chef de file du romantisme en littérature, Victor Hugo (1802-1885) a souvent mis en scène Paris dans ses romans. Mais la capitale n'y apparaît pas comme un simple décor: de Notre-Dame de Paris *(1831) aux* Misérables *(1862), Paris est un acteur majeur des bouleversements politiques populaires décrits par Victor Hugo.*

Dans « Suprématie de Paris », texte qui fait office de guide à l'Exposition universelle de 1867, l'écrivain saisit l'occasion de la présence à Paris de représentants de nombreux pays étrangers pour expliquer pour quelles raisons la capitale française joue, selon lui, un rôle politique premier sur le plan international.

[La capitale mondiale du peuple]

On sait ce que c'est que le point vélique[1] d'un navire ; c'est le lieu de convergence[2], endroit d'intersection mystérieux pour le constructeur lui-même, où se fait la somme des forces éparses[3] dans toutes les voiles déployées. Paris est le point vélique de la

---

1. Point vélique : centre de la voilure d'un bateau.

2. Lieu de convergence : point de rencontre.
3. Éparses : dispersées.

civilisation. L'effort partout dispersé se concentre sur ce point unique ; la pesée[1] du vent s'y appuie. La désagrégation des initiatives divergentes[2] dans l'infini vient s'y recomposer et y donne sa résultante[3]. Cette résultante est une poussée profonde, parfois vers le gouffre, parfois vers les Atlantides[4] inconnues. Le genre humain, remorqué[5], suit. Percevoir, pensif, ce murmure de la marche universelle, cette rumeur des tempêtes en fuite, ce bruit d'agrès[6], ces soufflements d'âmes en travail, ces gonflements et ces tensions de manœuvre, cette vitesse de la bonne route faite, aucune extase ne vaut cette rêverie. Paris est sur toute la terre le lieu où l'on entend le mieux frissonner l'immense voilure invisible du progrès.

Paris travaille pour la communauté terrestre.

De là autour de Paris, chez tous les hommes, dans toutes les races, dans toutes les colonisations, dans tous les laboratoires de la pensée, de la science et de l'industrie, dans toutes les capitales, dans toutes les bourgades[7], un consentement universel.

Paris fait à la multitude[8] la révélation d'elle-même. Cette multitude que Cicéron[9] appelle *plebs*, que Bessarion[10] appelle *canaglia*, que Walpole[11] appelle *mob*, que de Maistre[12] appelle *populace*[13], et qui n'est pas autre chose que la matière première de la nation, à Paris elle se sent Peuple. Elle est à la fois brouillard et clarté. C'est la nébuleuse qui, condensée, sera l'étoile.

Paris est le condensateur[14].

---

1. **Pesée :** puissance.
2. La dissolution des actions contradictoires.
3. **Résultante :** résultat, produit.
4. **Les Atlantides :** continents fabuleux que les Grecs de l'Antiquité pensaient enfouis au fond des mers.
5. **Remorqué :** tracté.
6. **Agrès :** matériel servant aux maniements des voiles sur un navire.
7. **Bourgades :** petites villes.
8. **Multitude :** foule.
9. **Cicéron (106-43 av. J.-C.) :** orateur et homme d'État romain.
10. **Basilius Bessarion (1403-1472) :** penseur byzantin.
11. **Robert Walpole (1676-1745) :** homme d'État britannique.
12. **Joseph de Maistre (1753-1821) :** écrivain et homme d'État français.
13. ***Plebs, canaglia, mob, populace* :** le bas peuple, la foule la plus pauvre de la population.
14. **Condensateur :** point de concentration.

3 questions pour vous guider...

1. Lignes 1-15 : quelle est l'image développée par Victor Hugo ?
2. Pourquoi Hugo affirme-t-il que « Paris travaille pour la communauté terrestre » (l. 16) ?
3. Expliquez la formule : « Paris est le condensateur » (l. 27).

B Paris, capitale de la réussite sociale et économique

Quel provincial monté à la capitale n'aurait pas donné raison à Sacha Guitry qui clamait en son temps qu'« être parisien, ce n'est pas être né à Paris mais y renaître » ? Car vivre à Paris revenait à connaître une nouvelle naissance tant étaient grandes les possibilités d'y assouvir ses ambitions.

Le Père Goriot est sans doute l'œuvre romanesque d'Honoré de Balzac DOC 4 • p. 20 qui montre le mieux le rôle que jouait Paris au XIXe siècle – et qu'elle joue encore aujourd'hui dans une moindre mesure – pour celles et ceux qui veulent réussir. Dans la France de la Restauration dépeinte par Balzac, Paris est la **capitale de toutes les ambitions**. Mais la lutte est âpre tant les aspirants à la réussite sociale et économique sont nombreux. Il faut être initié aux codes d'une société dans laquelle il est difficile de pénétrer. Personnage clé de *La Comédie humaine*, Eugène de Rastignac, le héros du roman, est un jeune arriviste, fraîchement débarqué de sa province natale, qui comprend vite que Paris offre une somme d'opportunités pour qui sait les saisir.

De fait, dans un XIXe siècle caractérisé par une forte croissance liée aux révolutions industrielles successives, la capitale s'impose peu à peu comme le **poumon économique** de la France. Tout passe par Paris et doit passer par Paris : tel est le mot d'ordre qui anime Napoléon III lorsqu'il charge le baron Haussmann, nommé dans la foulée préfet de Seine, de mettre en œuvre la rénovation de la capitale. Des travaux colossaux, mobilisant des fonds d'une ampleur inédite, sont alors lancés, comme le rappelle le journaliste Laurent Fléchaire DOC 5 • p. 23. En moins d'une quinzaine d'années, Haussmann rénove intégralement la capitale parisienne pour la faire entrer dans la modernité. S'il cherche à prévenir voire contenir les risques de soulèvements insurrectionnels en perçant de larges avenues et tente de réduire les risques sanitaires en installant un réseau de canalisations, Haussmann a surtout pour but de faire de Paris la vitrine de la réussite économique française, la **capitale mondiale du capitalisme naissant**.

Cette transformation implique de chasser les classes populaires hors de l'enceinte même de la capitale. Autrefois largement présentes sur la rive droite de la Seine, notamment dans le 11e arrondissement, les classes ouvrières sont peu à peu contraintes de quitter le centre de l'agglomération du fait de la hausse du prix des loyers. Elles migrent alors vers les faubourgs et bientôt en proche banlieue. Ainsi, à la Belle Époque, Paris apparaît aux yeux de tous comme la **capitale de la haute bourgeoisie**. C'est cette image que le peintre Jean Béraud DOC 6 • p. 26 représente dans son tableau *Après l'office à l'église de la Sainte Trinité*.

DOC 4

Honoré de Balzac
Le Père Goriot (1835)

♪ **Charlotte Julian, *Fleur de province*, 1972** 5

C'est avec Le Père Goriot *que le romancier Honoré de Balzac (1799-1850) ouvre le cycle de* La Comédie humaine *qui dresse, volume après volume, un tableau de la société française sous la Restauration. Paris, qui déjà à l'époque symbolise la réussite économique et sociale, sert de cadre à ses romans car elle constitue pour l'auteur un terrain privilégié d'étude sociologique.*

« Monté à Paris » pour assouvir sa soif d'ascension sociale, Eugène de Rastignac, le principal personnage du roman, ne recule devant rien pour satisfaire cette ambition. Il incarne à cet égard le personnage-type de l'arriviste.

[La capitale des ambitieux]

Eugène de Rastignac était revenu dans une disposition d'esprit que doivent avoir connue les jeunes gens supérieurs, ou ceux auxquels une position[1] difficile communique momentanément les qualités des hommes d'élite[2]. Pendant sa première année de séjour à Paris, le peu de travail que veulent les premiers grades[3] à prendre dans la Faculté l'avait laissé libre de goûter les délices visibles du Paris matériel. Un étudiant n'a pas trop de temps s'il veut connaître le répertoire de chaque théâtre, étudier les issues du labyrinthe parisien, savoir les usages[4], apprendre la langue et s'habituer aux plaisirs particuliers de la capitale ; fouiller les bons et les mauvais endroits, suivre les cours qui amusent, inventorier les richesses des musées. Un étudiant se passionne alors pour des niaiseries qui lui paraissent grandioses. Il a son grand homme, un professeur du Collège de France[5], payé pour se tenir à la hauteur de son auditoire. Il rehausse sa cravate et se pose pour la femme des premières galeries de l'Opéra-Comique[6]. Dans ces initiations excessives, il se dépouille de son aubier[7], agrandit l'horizon de sa vie, et finit par concevoir la superposition des couches humaines qui composent la société. S'il a commencé par admirer les voitures au défilé des Champs-Élysées[8] par beau soleil, il arrive bientôt à les envier. Eugène avait subi cet apprentissage à son insu, quand il partit en vacances, après avoir été reçu bachelier ès lettres[9] et

---

1. Position : place dans la société.
2. Élite : partie considérée comme supérieure de la population.
3. Grades : examens universitaires d'alors.
4. Usages : codes sociaux.
5. Collège de France : situé sur la rive gauche, cet établissement d'enseignement supérieur, fondé en 1530 par François 1er, est connu pour l'excellence de ses cours dispensés gratuitement.
6. Opéra-Comique : prestigieuse salle de spectacles comiques fondée en 1714 où la haute société avait pris l'habitude d'exhiber sa richesse.
7. Aubier : partie tendre du bois située entre le cœur et l'écorce ; employé ici au sens d'innocence.
8. L'aristocratie la plus élégante de Paris choisissait de se montrer en descendant les Champs-Élysées en carrosse.
9. Bachelier ès lettres : étudiant qui, au XIXe siècle, a obtenu le premier des trois grades universitaires, en littérature.

bachelier en droit. Ses illusions d'enfance, ses idées de province avaient disparu. Son intelligence modifiée, son ambition exaltée, lui firent voir juste au milieu du manoir paternel, au sein de la famille. Son père, sa mère, ses deux frères, ses deux sœurs, et une tante dont la fortune consistait en pensions[1], vivaient sur la petite terre de Rastignac. Ce domaine, d'un revenu d'environ trois mille francs, était soumis à l'incertitude qui régit le produit tout industriel de la vigne, et néanmoins il fallait en extraire chaque année douze cents francs pour lui. L'aspect de cette constante détresse qui lui était généreusement cachée, la comparaison qu'il fut forcé d'établir entre ses sœurs, qui lui semblaient si belles dans son enfance, et les femmes de Paris, qui lui avaient réalisé le type d'une beauté rêvée, l'avenir incertain de cette nombreuse famille qui reposait sur lui, la parcimonieuse[2] attention avec laquelle il vit serrer les plus minces productions, la boisson faite pour sa famille avec les marcs[3] du pressoir, enfin une foule de circonstances inutiles à consigner ici décuplèrent son désir de parvenir[4] et lui donnèrent soif de distinctions.

3 questions pour vous guider...

1. Lignes 4-15 : relevez les différents milieux sociaux fréquentés par Eugène de Rastignac à son arrivée à Paris. En quoi sont-ils synonymes de réussite ?

2. Pourquoi Honoré de Balzac emploie-t-il le terme d'« apprentissage » (l. 21) pour évoquer les premiers temps de la vie de Rastignac à Paris ?

3. Pour quelle raison Rastignac éprouve-t-il un « désir de parvenir » (l. 39) au contact de la vie de la capitale ? À quelle occasion en prend-il conscience ?

---

1. Pensions : loyers et rentes versés par des locataires.
2. Parcimonieuse : minutieuse, précise.
3. Marcs : résidus fortement alcoolisés.
4. Parvenir : réussir par tous les moyens à se faire une place de choix dans la société.

DOC 5

LAURENT FLÉCHAIRE
 « Les comptes d'Haussmann » (2001)

♪ Sutus, *Haussmann*, 2019

Pour le quotidien Le Monde, le journaliste Laurent Fléchaire retrace l'histoire de la radicale transformation de Paris sous la direction du baron Haussmann, au XIXe siècle. Préfet de Seine de 1853 à 1870, il fut personnellement choisi par Napoléon III pour moderniser la capitale française.
Si ces travaux colossaux visaient en premier lieu à assainir la ville jugée trop vétuste, il s'agissait surtout d'ériger Paris en capitale économique de la France. Absorbant une grande partie des capitaux du pays, ces chantiers firent de Paris une vitrine florissante de la réussite économique de la France et la capitale du luxe.

[**Le capitalisme immobilier du baron Haussmann**]

Sécurité, banlieue, grands travaux et espaces verts : voilà le programme pour Paris de... Napoléon III[1]. Le président de 1851, devenu empereur en 1852, est pétri des thèses saint-simoniennes[2] : il est le premier chef d'État français à réellement
5 placer l'économie au cœur de ses préoccupations. Il sait que la crise économique de 1847 a été un élément déclencheur de la révolution de 1848 et veut prévenir de nouveaux soulèvements.

Napoléon III a dessiné sur une carte de Paris des traits avec des crayons de couleur symbolisant les artères[3] qu'il souhaite voir
10 percer dans la capitale. Il lui faut un ingénieur, un gestionnaire, un homme autoritaire et déterminé pour conduire sa « politique de la ville ». Celui qu'il nomme préfet de la Seine en 1853 (le poste

---

1. Louis Napoléon Bonaparte dit Napoléon III (1808-1873) : empereur de France de 1852 à 1870.
2. Inspiré par les thèses de l'économiste Claude-Henri de Rouvroy de Saint-Simon (1760-1825), le saint-simonisme consiste à mettre fin à la violence des révolutions politiques grâce aux progrès techniques de l'industrialisation permettant d'assurer le progrès social.
3. Artères : voies principales de circulation dans une agglomération.

de maire n'existe pas encore) va aller bien au-delà de ses espérances. Georges Eugène Haussmann[1] va être un serviteur pugnace et zélé[2] des volontés de l'empereur. Il va engager en dix-sept ans de «règne» 2 milliards et demi de francs-or[3] de travaux, alors que le budget annuel du pays n'est que de 2 milliards! Après lui, nul n'aura autant transformé ni... endetté la capitale. Haussmann perce d'abord les boulevards Saint-Michel et Sébastopol pour former avec la rue de Rivoli un axe orthogonal au centre de Paris. En tout, neuf kilomètres de voies nouvelles sont ouverts dans la capitale. Haussmann n'agrandit pas les voies existantes. Il achète les terrains *a priori* moins chers: les arrière-cours et les jardins derrière les immeubles. Cela aurait pu être avantageux... si les propriétaires ne siégeaient aux tribunaux qui fixent les prix des expropriations. La note est salée, mais le soutien des notables[4] est acquis.

[...] Le 5 avril 1858, Napoléon III inaugure, en compagnie d'un Haussmann triomphant, le boulevard Sébastopol.

Le lendemain, le préfet de la Seine soumet au Corps législatif (nom de l'Assemblée nationale de l'époque) le «traité des 180 millions» pour financer vingt kilomètres de voies nouvelles. Mais les députés sont las[5] des initiatives de l'insatiable[6] magistrat de Paris, qui oriente toutes les ressources de l'État vers la capitale au détriment de la province. Haussmann trouve le moyen de s'affranchir du contrôle des députés en créant, cette même année 1858, la Caisse des travaux de Paris. La ville peut désormais payer les entreprises avec des reconnaissances de dette émises par cette caisse (qu'elles escompteront[7] auprès du Crédit foncier).

---

1. Georges-Eugène Haussmann (1809-1891): homme politique français qui, de 1853 à 1870, occupa les fonctions de préfet de Seine.
2. Pugnace et zélé: offensif et dévoué.
3. Francs-or: de 1803 à 1928, monnaie de référence pour les transactions aux montants élevés.
4. Notables: personnes influentes par la position qu'elles occupent dans la société.
5. Las: lassés, fatigués.
6. Insatiable: infatigable.
7. Escompteront: se feront partiellement rembourser.

Haussmann trouve ainsi un moyen illégal de financer plus de... 700 millions de travaux. Par ailleurs, la ville continue de s'endetter de façon « officielle », au moins pour honorer ses intérêts. La sécurité de la ville et la pérennité[1] du régime sont à ce prix. Car les grandes artères qu'Haussmann perce ont un objectif sécuritaire. Il s'agit de pouvoir refouler les ouvriers à l'extérieur de Paris « pour les y disséminer et aussi pour les contenir au besoin ». Il veut faire de Paris une capitale bourgeoise du commerce et du luxe, mais pas une ville ouvrière. « C'est le comble de la déraison en politique que d'y entasser, comme pour former à plaisir un centre insurrectionnel, des masses grossières et stupides d'ouvriers à marteau », écrit-il.

Pour éloigner les dangers d'une pauvreté aux portes de Paris, Haussmann parvient à créer en 1860 le « Grand Paris ». La capitale double de superficie et absorbe ses communes limitrophes comme Vaugirard, les Batignolles, La Villette, ou Bercy. Moyen radical d'intégrer à la ville les problèmes de la banlieue ! Haussmann prévoit que la remise à niveau de ces « nouveaux quartiers » coûtera 150 millions. Au final, la note est de 352 millions. [...]

« Les comptes d'Haussmann », © lemonde.fr, 6 mars 2001

3 questions pour vous guider…

1. Lignes 1-7 : pourquoi Napoléon III décide-t-il d'investir aussi massivement dans la rénovation du plan urbain de Paris ?
2. Pour quelle raison les députés sont-ils « las des initiatives de l'insatiable magistrat de Paris » (l. 33-34) ?
3. Comment le baron Haussmann s'y prend-il pour faire de Paris « une capitale bourgeoise du commerce et du luxe, mais pas une ville ouvrière » (l. 46-48) ?

---

1. Pérennité : continuité.

DOC **6**

Jean Béraud
👁 Après l'office à l'église de la Sainte Trinité, Noël 1890 (1901)

🎵 Deeloc, *C'est riche Paris*, 2022 — 7

[**La capitale de la grande bourgeoisie**]

Peintre français de la Belle Époque (1871-1914), Jean Béraud (1849-1935) est connu pour ses tableaux de la vie parisienne. Si certains représentent de jeunes ouvrières sur les grands boulevards, le plus grand nombre s'attache à dépeindre la grande bourgeoisie.
Dans Après l'office à l'église de la Sainte Trinité, Béraud montre les Parisiennes et Parisiens superbement vêtus après la messe, dans le 9ᵉ arrondissement, l'un des quartiers figurant alors parmi les plus aisés de la capitale. À l'opulence de cette classe privilégiée répond le charme d'une ville prospère. CAHIER PHOTOS • P. II

3 questions pour vous guider...

1. Décrivez les différentes composantes du tableau.
2. Comment sont habillés les personnages représentés ?
3. À quels éléments reconnaît-on que la rue a été aménagée pour faciliter la circulation des calèches ?

C Paris, capitale culturelle

Vitrine économique de la France, Paris a également su s'imposer, sur le plan national et international, comme la capitale culturelle par excellence. La **centralisation culturelle unique** dont elle a bénéficié en abritant, outre les lieux de pouvoir et notamment les ministères, la plupart des lieux culturels (salles de spectacles, salons, cafés…) et instances critiques (jurys, journaux…) a beaucoup contribué à assurer cette **primauté intellectuelle**

parisienne, ainsi que le souligne l'historien Christophe Charle DOC 7 • p. 28.

Reconnue pour son **effervescence culturelle**, Paris a inspiré et continue d'inspirer de nombreux artistes et intellectuels français et étrangers comme Gil, protagoniste du film de Woody Allen qui, à l'instar du cinéaste américain grand amoureux de la capitale, vient y chercher l'inspiration. En témoigne aussi le dramaturge français Jean Giraudoux savourant les ressources innombrables de la capitale : « À Paris, j'ai sous les yeux les cinq mille hectares du monde où il a été le plus pensé, le plus parlé, le plus écrit. »

Mais les atouts intellectuels de la ville ne suffisent pas à justifier son pouvoir d'attraction. Paris inspire aussi, depuis des siècles, pour son **patrimoine architectural**. Nombreux sont notamment les poètes qui, depuis le milieu du XIXe siècle, ont pris plaisir à flâner dans ses rues, à admirer son architecture, à contempler ses monuments si singuliers. Guillaume Apollinaire DOC 8 • p. 31 est l'un d'eux. Le vibrant hommage dans le poème « Zone » qu'il rend à la modernité de cette ville symbolisée par la tour Eiffel, a largement contribué à son rayonnement.

Le prestige de Paris tient aussi à sa capacité à humer l'air du temps et à se nourrir des changements. Paris est l'endroit où l'on crée, ce qui lui vaut d'être considérée par les créateurs du monde entier comme la **capitale de la mode**. Pour la romancière américaine Gertrude Stein DOC 9 • p. 33, venue s'installer sur la rive gauche qui concentra longtemps l'essentiel de la créativité parisienne, si la ville est inspirante, c'est parce qu'elle sait encore et toujours impulser des courants artistiques majeurs comme en témoigne le surréalisme dans les Années Folles.

Fasciné par cette **capitale des arts**, l'écrivain américain Ernest Hemingway DOC 10 • p. 35 est venu s'installer à Paris où il fut particulièrement inspiré par les Parisiennes et les Parisiens et par le mode de vie de la capitale. « Paris est une fête ! » clamera-t-il en une formule désormais célèbre.

Festive, riche et belle, comme dans un **décor de carte postale**, la capitale attire chaque année, bien au-delà des artistes et intellectuels, des millions de touristes fascinés par ce lieu qui, dans l'imaginaire collectif revêt tous les attraits d'une **ville romantique**. Paris, ville de l'amour : telle est l'image stéréotypée qui ressort de la série à succès, *Emily in Paris* DOC 11 • p. 37, dont l'héroïne installée à Paris vit un véritable conte de fées.

DOC 7

CHRISTOPHE CHARLE
« La centralisation culturelle », *Paris, « capitales » des XIXe siècles* (2021)

🎵 Joe Dassin, *Champs-Élysées*, 1969

Dans son essai Paris, « capitales » des XIXe siècles, l'historien Christophe Charle brosse l'histoire des évolutions de la capitale de 1814 à 1914. Selon lui, Paris possède la particularité de concentrer l'ensemble des activités culturelles du pays. C'est pourquoi Charle choisit de parler à son propos d'une capitale au pluriel.

[**Le centre culturel du pays**]

Le premier trait[1] général qui caractérise en effet la vie intellectuelle parisienne et la singularise[2] par rapport à celles des autres capitales d'Europe (y compris en Angleterre en dépit du poids de Londres), c'est son extrême centralisation : l'essentiel
5 des livres, journaux, œuvres de fiction est publié à Paris ; les instances critiques (revues, journaux, salons et cercles littéraires et politiques) où l'on lance les modes, les livres et les auteurs, les institutions de consécration (prix décernés par les Académies pour les sciences, les lettres, les arts, le Salon pour les tableaux et
10 sculptures) et, bien sûr aussi, les lieux du pouvoir sur le champ

---

1. Trait : particularité.   **2. Singularise :** distingue.

intellectuel (ministères, censure, justice, jurys, etc.) sont rassemblés dans la plus grande ville française, la deuxième d'Europe après Londres, et la plus visitée par les étrangers, intellectuels ou non. Cette concentration unique remonte au moins au XVIIe siècle (pour le théâtre et les académies) et s'accentue au XVIIIe siècle avec le déclin de la Cour[1] et le rôle nouveau des salons et des journaux. Elle a été encore renforcée à l'époque impériale par une politique délibérée de Napoléon[2]. La monarchie restaurée[3] n'y a pas mis fin bien qu'elle s'appuie, en principe, sur une aristocratie foncière[4] plus ancrée en province. La primauté[5] intellectuelle parisienne n'a pas été remise en cause pour des raisons de contrôle politique plus facile, mais aussi pour retrouver un instrument de prestige inspiré de la monarchie d'Ancien Régime.

Entrent en ligne de compte aussi des raisons qui tiennent à l'économie spécifique de la culture de l'époque. Dans une France encore très rurale, peu urbanisée en dehors de Paris et de rares grandes villes, où les transports sont lents, l'imprimé, organe de transmission principal de la pensée, demeure rare et coûteux. Pour toucher le marché plus important par la taille et la diversité en termes de niveau culturel et le mieux situé pour ensuite diffuser les productions imprimées, auteurs, journalistes, éditeurs, diffuseurs ont intérêt à se centrer sur Paris, pour y trouver tous les outils nécessaires à la reconnaissance et à la diffusion. La ville est située à la croisée de tous les réseaux de transport ou de publicité (routes, voies navigables et bientôt télégraphe et chemin de fer). On y trouve plus facilement le crédit pour financer les entreprises

---

1. À partir du XVIIIe siècle, notamment après la mort de Louis XIV en 1715, la cour royale de Versailles perd de son prestige intellectuel au profit des salons mondains et des cafés littéraires
2. De 1804 à 1815, Napoléon Bonaparte (1769-1821), dit Napoléon 1er, fut empereur de France.

3. La Restauration est un régime politique qui rétablit la monarchie en France de 1814 à 1830.
4. Une aristocratie foncière : une noblesse dont la richesse provient des rentes de ses différentes propriétés.
5. Primauté : supériorité, suprématie.

de presse, d'édition ou les spectacles. Il existe sans doute une presse provinciale (en particulier après 1830) ou des éditeurs dans d'autres villes mais, en général, ils se spécialisent sur d'autres créneaux (édition religieuse par exemple) ou n'ambitionnent pas d'avoir une audience nationale. Le plus souvent ils se contentent de relayer de manière suiviste[1] ce dont on parle dans les organes de la capitale.

Les aspirants[2] à la vie intellectuelle, dont une grande partie se recrute parmi les élèves des grandes classes des lycées ou chez les étudiants, ont parfaitement intégré cette règle implicite[3] de la vie intellectuelle française puisqu'on constate leur hyperconcentration également à Paris, avant même qu'ils n'aient définitivement choisi une telle carrière.

Paris, « capitales » des XIXe siècles, p. 172,
© Éditions Seuil, coll. « Points », 2021

3 questions pour vous guider...

1. Lignes 1-16 : quelle est la première caractéristique qui distingue culturellement Paris des autres capitales européennes ?
2. Pour quelles raisons les auteurs, journalistes, éditeurs et diffuseurs s'installent-ils tous à Paris ?
3. Quelle règle implicite de la vie intellectuelle française les « aspirants à la vie intellectuelle » (l. 44) ont-ils intégré pour réussir à Paris ?

---

1. De manière suiviste : en imitant.
2. Aspirants : prétendants.
3. Implicite : sous-entendue.

DOC **8**

GUILLAUME APOLLINAIRE
«Zone» (extrait), *Alcools* (1913)

Léo Ferré, *Le Pont Mirabeau*, 1953

Dans le poème «Zone» extrait du recueil Alcools, Guillaume Apollinaire (1880-1918) adresse un vibrant hommage à la ville de Paris qui, à ses yeux, incarne la modernité urbaine. C'est pourquoi, dans le sillage du mouvement futuriste qui loue les inventions récentes, il fait l'éloge de la tour Eiffel, symbole par excellence d'une capitale tournée vers l'avenir et source d'inspiration pour de nombreux artistes.

[**Une source d'inspiration artistique majeure**]

À la fin tu es las[1] de ce monde ancien

Bergère ô tour Eiffel le troupeau des ponts bêle[2] ce matin

Tu en as assez de vivre dans l'antiquité grecque et romaine

Ici même les automobiles ont l'air d'être anciennes
5 La religion seule est restée toute neuve la religion
Est restée simple comme les hangars de Port-Aviation[3]

Seul en Europe tu n'es pas antique ô Christianisme
L'Européen le plus moderne c'est vous Pape Pie X[4]

---

1. Las : lassé, fatigué.
2. Bergère ô tour Eiffel (conçue par Gustave Eiffel, 1832-1923, la construction de cette tour fut achevée en 1889 à l'occasion de l'Exposition universelle)
le troupeau des ponts bêle : la tour est la gardienne des ponts qui poussent le cri du mouton.

3. Port-Aviation : premier aérodrome au monde créé en 1909, il accueillit en 1911 le départ de la course aéronautique Paris-Rome.
4. Pape Pie X : pape de 1903 à 1914 opposé à l'adaptation de l'Église au monde moderne, il accorda pourtant en 1911 sa bénédiction à André Beaumont, aviateur, vainqueur de la course Paris-Rome.

Et toi que les fenêtres observent la honte te retient
10 D'entrer dans une église et de t'y confesser ce matin
Tu lis les prospectus[1] les catalogues les affiches qui chantent
                                                                        [tout haut
Voilà la poésie ce matin et pour la prose il y a les journaux
Il y a les livraisons à 25 centimes[2] pleines d'aventures
                                                                         [policières
Portraits des grands hommes et mille titres divers

15 J'ai vu ce matin une jolie rue dont j'ai oublié le nom
Neuve et propre du soleil elle était le clairon[3]
Les directeurs les ouvriers et les belles sténo-dactylographes[4]
Du lundi matin au samedi soir quatre fois par jour y passent
Le matin par trois fois la sirène y gémit
20 Une cloche rageuse y aboie vers midi
Les inscriptions des enseignes et des murailles
Les plaques les avis[5] à la façon des perroquets criaillent[6]
J'aime la grâce de cette rue industrielle
Située à Paris entre la rue Aumont-Thiéville et l'avenue
                                                                             [des Ternes[7]

---

1. Prospectus : brochures publicitaires jetables imprimées sous la forme de dépliants.
2. Les livraisons à 25 centimes : les parutions de romans-feuilletons à bas prix.
3. Clairon : trompette qui rythme la vie militaire.
4. Sténo-dactylographes : employées de bureau qui pratiquent à la fois la prise de notes par sténographie et tapent à la machine en qualité de dactylographes.
5. Avis : annonces et avertissements publics placardés sur les murs.
6. Criaillent : poussent des cris à la manière de l'oie et de la pintade.
7. Entre la rue Aumont-Thiéville et l'avenue des Ternes : zone située dans le 17e arrondissement de Paris près de la porte de Champerret.

3 questions pour vous guider...

1. Vers 2-3 : à quelle image est associée la tour Eiffel ? En quoi est-elle immédiatement présentée comme une inspiratrice ?
2. Vers 4 : pourquoi selon Apollinaire, comparées à Paris, même les « automobiles ont l'air d'être anciennes » ?
3. Expliquez ce vers : « J'aime la grâce de cette rue industrielle » (v. 23).

DOC **9**

GERTRUDE STEIN
Paris-France (1940)

🎵 Bandolero, *Paris Latino*, 1983 🔟

Dans Paris-France publié en 1940, l'autrice Gertrude Stein (1874-1946) revient sur ce que représente Paris. Pour cette Américaine installée en France depuis bientôt vingt ans, la capitale française s'impose comme la capitale mondiale de l'art et de la mode. C'est la ville qui lance les tendances avant toutes les autres capitales du monde.

[**La capitale mondiale de la mode**]

Maintenant pour certaines de ces raisons sinon pour toutes, Paris était là où se trouvait le XXe siècle.

Il était important aussi que Paris fût là où les modes se créaient. Il est évident qu'il y eut des moments où l'on paraissait s'habiller mieux à Barcelone et à New York, mais en réalité pas.

C'est à Paris que les modes étaient créées et c'est toujours dans
5 les grands moments, lorsque tout change, que les modes sont importantes, parce qu'elles projettent quelque chose en l'air ou font tomber ou tourner quelque chose qui n'a aucun rapport avec quoi que ce soit.

La mode est ce qu'il y a de réel dans l'abstraction. La seule chose
10 à quoi manque tout côté pratique. Donc Paris tout naturellement,

qui a toujours créé les modes, était l'endroit où tout le monde allait en 1900. L'on avait besoin d'un fond de tradition, d'une ferme conviction que les hommes, les femmes et les enfants ne changent pas, que la science est intéressante mais ne change rien, que la démocratie est réelle mais que les gouvernements, à moins qu'ils ne vous imposent trop ou vous fassent vaincre par l'ennemi, ne sont d'aucune importance. Voilà la toile de fond[1] dont tout le monde avait besoin en 1900.

C'est curieux l'art et la littérature, et la mode ayant partie liée. Il y a deux ans tout le monde disait que la France était finie et perdue, qu'elle tombait au rang de puissance de second ordre et caetera, et caetera. Et je disais, mais je ne le crois pas, parce que depuis des années, depuis la guerre, les chapeaux n'ont jamais été aussi variés et aussi ravissants et aussi français qu'ils le sont à présent. On les trouve non seulement dans les grandes maisons[2], mais partout où il y a une vraie modiste[3] il y a un joli petit chapeau français.

Je ne crois pas que lorsque l'art et la littérature caractéristiques d'un pays sont pleins d'activité et de vigueur, je ne crois pas qu'un pays soit à son déclin. Le pouls[4] le plus sûr pour indiquer la situation d'un pays est la production de l'art qui le caractérise et qui n'a aucun rapport avec sa vie matérielle. De sorte que lorsque les chapeaux à Paris sont ravissants et français et partout, alors la France se porte bien.

Paris était donc l'endroit qui convenait à ceux d'entre nous qui avaient à créer l'art et la littérature du vingtième siècle. C'est assez naturel.

---

1. Toile de fond : situation historique.
2. Grandes maisons : marques de haute couture.
3. Modiste : couturière de quartier qui fabriquait les vêtements féminins à la demande.
4. Pouls : ici, signe.

3 questions pour vous guider...

1. Expliquez la formule : « Paris était là où se trouvait le XXe siècle » (l. 2).
2. Pourquoi, selon Gertrude Stein, la France n'a-t-elle finalement pas reculé « au rang de puissance de second ordre » (l. 23) ?
3. L. 37-38 : pour quelle raison Gertrude Stein considère que « Paris était donc l'endroit qui convenait à ceux d'entre nous qui avaient à créer l'art et la littérature du vingtième siècle » ?

DOC 10

Ernest Hemingway
Paris est une fête (1964)

🎵 Patrick Juvet, *Ça c'est Paris!*, 1999

Dans son récit autobiographique Paris est une fête, *l'écrivain américain Ernest Hemingway (1899-1961) raconte l'amour qu'il se découvre pour le Paris des années 20 et s'enthousiasme pour le mode de vie parisien.*
Pour cet Américain fraîchement arrivé des États-Unis, Paris c'est la chaleur des cafés, le lieu de possibles amours, et une source intarissable d'inspiration.

[Un art de vivre inimitable]

C'était un café plaisant, propre et chaud et hospitalier[1], et je pendis mon vieil imperméable au portemanteau pour le faire sécher, j'accrochai mon feutre[2] usé et délavé à une patère[3] au-dessus de la banquette, et commandai un *café au lait*. Le
5 garçon me servit et je pris mon cahier dans la poche de ma veste, ainsi qu'un crayon, et me mis à écrire. J'écrivais une histoire que je situais, là-haut[4], dans le Michigan, et comme la journée était

---

1. Plaisant, chaud, hospitalier : agréable, chaleureux, accueillant.
2. Feutre : chapeau.
3. Patère : crochet.
4. Là-haut : le Michigan est un État du nord des États-Unis.

froide et dure, venteuse, je décrivais dans le conte une journée toute semblable. J'avais assisté successivement à bien des fins d'automne, lorsque j'étais enfant, puis adolescent, puis jeune homme, et je savais qu'il est certains endroits où l'on peut en parler mieux qu'ailleurs. C'est ce que l'on appelle se transplanter, pensai-je, et une transplantation peut être aussi nécessaire aux hommes qu'à n'importe quelle autre sorte de création vivante. Mais, dans le conte, je décrivais des garçons en train de lever le coude[1], et cela me donna soif et je commandai un rhum Saint-James. La saveur en était merveilleuse par cette froide soirée et je continuai à écrire, fort à l'aise déjà, le corps et l'esprit tout réchauffés par ce bon rhum de la Martinique.

Une fille entra dans le café et s'assit, toute seule, à une table près de la vitre. Elle était très jolie, avec un visage aussi frais qu'un sou neuf, si toutefois l'on avait frappé la monnaie dans de la chair lisse recouverte d'une peau toute fraîche de pluie, et ses cheveux étaient noirs comme l'aile du corbeau et coupés net et en diagonale à hauteur de la joue.

Je la regardai et cette vue me troubla et me mit dans un grand état d'agitation. Je souhaitai pouvoir mettre la fille dans ce conte ou dans un autre, mais elle s'était placée de telle façon qu'elle pût surveiller la rue et l'entrée du café, et je compris qu'elle attendait quelqu'un. De sorte que je me remis à écrire.

Le conte que j'écrivais se faisait tout seul et j'avais même du mal à suivre le rythme qu'il m'imposait. Je commandai un autre rhum Saint-James et, chaque fois que je levais les yeux, je regardais la fille, notamment quand je taillais mon crayon avec un taille-crayon tandis que les copeaux bouclés tombaient dans la soucoupe placée sous mon verre.

Je t'ai vue, mignonne, et tu m'appartiens désormais, quel que soit celui que tu attends et même si je ne dois plus jamais te revoir, pensais-je. Tu m'appartiens et tout Paris m'appartient, et j'appartiens à ce cahier et à ce crayon.

Paris est une fête, © Éditions Gallimard, 1964 ■

---

1. Lever le coude : boire de l'alcool jusqu'à se rendre ivre.

3 questions pour vous guider...

1. Lignes 1-6 : relevez trois éléments qui font du café parisien où Hemingway a trouvé refuge un lieu « plaisant, propre et chaud et hospitalier » ?
2. Lignes 26-36 : qu'éprouve l'écrivain lors de l'irruption de la jeune femme dans le café ?
3. Expliquez la formule : « Tu m'appartiens et tout Paris m'appartient » (l. 39).

DOC **11**

DARREN STAR
Emily in Paris (2020)

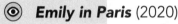
Emily in Paris, *Mon Soleil*, 2021

[Un Paris de carte postale]

Série américano-française créée par Darren Star en 2020, Emily in Paris raconte les aventures enchantées de la jeune Américaine Emily Jane Cooper qui, en venant vivre à Paris, réalise son vœu le plus cher : travailler pour une agence de communication dans la capitale de la mode. La jeune femme originaire de Chicago, qui évolue dans les plus beaux quartiers de Paris, véritable décor de carte de postale, vit alors un rêve éveillé. CAHIER PHOTOS • P. III

3 questions pour vous guider...

1. Décrivez les différentes composantes de l'image.
2. À quoi perçoit-on que les deux personnages sont amoureux ?
3. Pourquoi la tour Eiffel apparaît-elle ici en arrière-plan ? Que symbolise-t-elle pour le jeune couple ?

PLAYLIST N° 1

Chapitre 1 – Paris, ville capitale et centrale

«Paris t'es belle», chante le groupe Mickey 3D. Cette ballade met en lumière la fascination qu'exerce la capitale française sur ses habitants et ses visiteurs P. 11 ♪1. Mais de quelle nature est cette fascination? Pourquoi cette ville est-elle au centre de toutes les attentions? Telles sont les questions auxquelles, depuis plusieurs décennies, nombre d'œuvres musicales ont tenté de répondre.

A. Paris, capitale politique

♪ 2 Armand Mestral, *Paris pour un beefsteak*, 1971

En 1870, Émile Deureux écrit une chanson sur le siège de Paris, encerclé par les Prussiens. Le chansonnier s'y moque férocement de la gourmandise des Parisiens prêts à tout pour un beefsteak. Cette version d'Armand Mestral (1917-2000) souligne la place politique centrale de Paris.

♪ 3 Marcel Moloudji, *L'Insurgé*, 1971

En 1880, Eugène Pottier compose une chanson populaire en hommage aux nombreux morts de la Commune de Paris. À l'occasion du centenaire de la Commune, Marcel Mouloudji (1922-1994), chanteur engagé, reprit cet hymne révolutionnaire.

♪ 4 Les Misérables, *Bonjour Paris*, 1991

Adaptée du roman éponyme de Victor Hugo, la comédie musicale *Les Misérables*, composée en 1980 par Alain Boublil et Claude-Michel Schönberg, devient un classique joué dans le monde entier. «Bonjour Paris» donne notamment la parole à Gavroche, jeune héros parisien des barricades de 1830.

B. Paris, capitale de la réussite sociale et économique

♪ 5 Charlotte Julian, *Fleur de province*, 1972

Chanteuse originaire de Perpignan, Charlotte Julian (née en 1951) connaît des débuts de carrière difficiles. Installée dans la capitale, elle trouve un producteur et remporte son premier succès : « Fleur de province », sorti en 1972, raconte son expérience de provinciale arrivant à Paris pour réussir.

♪ 6 Sutus, *Haussmann*, 2019

Jeune chanteur français, Sutus livre en 2019 une chanson intitulée « Haussmann » qui évoque, sur un rythme électro et disco, la soirée d'un jeune homme flânant parmi les riches commerces de la célèbre artère parisienne.

♪ 7 Deeloc, *C'est riche Paris*, 2022

Rappeur originaire de Dreux, Deeloc publie en 2022 une chanson intitulée « C'est riche Paris ». Sur une bande instrumentale rythmée par son flow autotuné, Deeloc constate que Paris concentre les classes privilégiées où l'argent, « la moula », coule à flots.

C. Paris, capitale culturelle

♪ 8 Joe Dassin, *Champs-Élysées*, 1969

Chanteur populaire franco-américain, Joe Dassin (1938-1980) dédie en 1969 un hymne aux Champs-Élysées qualifiés d'avenue « la plus belle du monde ». Sur un rythme joyeux, Joe Dassin fait l'éloge de cette artère qui symbolise le patrimoine culturel français.

♪ 9 Léo Ferré, *Le Pont Mirabeau*, 1953

Chanteur amoureux de littérature, Léo Ferré (1916-1993) a mis en musique de célèbres poèmes d'Apollinaire. « Le Pont Mirabeau », qui fait écho à « Zone », célèbre le pont d'acier reliant les deux rives de la capitale, qui fut achevé en 1896.

🎵 10 Bandolero, *Paris Latino*, 1983

1983 est marqué en Europe par «Paris Latino», le tube du groupe français Bandolero constitué des frères Carlos et José Perez. Sur une instrumentation post-disco aux rythmes latino, le titre rappelle que Paris, capitale cosmopolite, est aussi la capitale de la mode.

🎵 11 Patrick Juvet, *Ça c'est Paris!*, 1999

Chanteur disco des années 70, Patrick Juvet (1950-2021) renoue avec le succès, au début des années 2000, en livrant «Ça c'est Paris!», une ode à la nuit parisienne, sur une instrumentation house alors en vogue dans les clubs.

🎵 12 Emily in Paris, *Mon Soleil*, 2021

La série *Emily in Paris* dévoile à la fin de sa deuxième saison une chanson du personnage de Mindy, «Mon Soleil». Interprétée par Ashley Parks qui joue la meilleure amie d'Emily à l'écran, cette douce chanson cherche à capter la magie de la Ville lumière.

CHAPITRE 2

Paris, une **capitale contestée**

et pour entrer dans le vif du sujet…

p. 42

Pour entrer dans le vif du sujet...

UN FILM :
La Haine, de Mathieu Kassovitz (1995)

● Le résumé du film

Au lendemain d'une nuit d'émeutes marquée par de violents affrontements avec les forces de l'ordre – un policier ayant grièvement blessé un jeune – Vinz, Saïd et Hubert, trois amis de la Cité des Muguets en région parisienne, cherchent à tromper leur ennui. Ils déambulent jusqu'à Paris où ils multiplient les rencontres souvent ponctuées de bagarres et d'insultes et les déconvenues. Ayant passé la journée et la nuit à se faire refouler de tous les lieux parisiens, ils finissent en garde à vue. Mais Vinz a gardé sur lui un revolver perdu par un policier lors des émeutes de la nuit précédente…

● Le lien avec le thème

Succès public et critique, *La Haine*, premier long-métrage de Matthieu Kassovitz sorti en 1995, a marqué son époque. Le film tourné « caméra à l'épaule » pose un regard neuf et sans concession sur le rapport que Paris entretient avec la banlieue. Il montre des jeunes, qui en sont issus, rejetés par des Parisiens qui affichent un terrible mépris à leur égard. Mais au-delà de ce constat, le but de Kassovitz est de souligner à quel point Paris est une capitale fermée sur elle-même.

▶ Observez l'image du film
CAHIER PHOTOS • P. IV

1. Quelles sont les composantes de l'image ?
2. Décrivez les vêtements des personnages. À quel statut social leur tenue renvoie-t-elle ?
3. Qu'exprime l'attitude de ces trois jeunes garçons ?

▶ **Visionnez le film et commentez-le !**

1. Visionnez la scène où les trois amis ont l'idée d'aller se promener à Paris. Quelle raison invoquent-ils ?

2. Comment se déroule la scène où les trois jeunes gens arrivent dans la galerie d'art en plein centre de Paris ? Comment les invités réagissent-ils ?

3. Quel est le dernier plan du film ? Pourquoi illustre-t-il le rapport que les personnages entretiennent finalement avec la capitale ?

UNE CHANSON :
Paris, par Taxi Girl (1984)

N° 13

https://www.youtube.com/watch?v=GxBlDcXcdNA

● La présentation du groupe

Initialement composé de cinq membres, le groupe Taxi Girl, créé en 1978, défraie la chronique au début des années 1980 par son énergie punk, sa poésie héritée de Rimbaud et la perfection mélodique de ses tubes pop. Après que le groupe s'est fait connaître avec *Cherchez le garçon* en 1981, c'est le duo, constitué en 1984 de Daniel Darc et Mirwais Ahmadzai, qui en assure la renommée en dédiant la même année un hymne à la capitale sobrement intitulé *Paris*.

● Le lien avec le film

Sur un rythme synthétique, ponctué de guitares électriques, Taxi Girl propose une image désenchantée de Paris qui n'inspire plus que désillusions. Terrassée par le chômage, la capitale où sévit la misère, n'apparaît plus que comme un amas de ruines aux yeux du duo.

▶ **Écoutez d'autres chansons en lien avec le thème du chapitre.**
PLAYLIST n° 2 • p. 71-73

« On ne vit qu'à Paris, et l'on végète ailleurs », clamait sans ironie Jean-Baptiste-Louis Gresset, écrivain des Lumières dans une formule qui en disait déjà long sur la **condescendance de la capitale** pour le reste du pays. Si, au milieu des années 1990, les jeunes héros du film de Mathieu Kassovitz issus de la banlieue ont durement ressenti ce mépris au cours de leur périple parisien, c'est que depuis plus de trois siècles rien ne semble avoir changé. Paris, la Ville lumière, continue d'attirer toute la lumière comme pour mieux rejeter dans l'ombre tout autre lieu, et notamment la province.

Mais cet éblouissement ne suffit pas à masquer la réalité : Paris est une **capitale de plus en plus contestée**. Car, loin de correspondre à l'image que l'on peut s'en faire, Paris apparaît à beaucoup comme la **capitale des désillusions**. À commencer par son image idyllique de carte postale qui est de plus en plus remise en cause. Paris n'aurait qu'une **beauté illusoire**. Est-elle toujours aussi charmante que par le passé ? Sa modernisation à outrance initiée notamment par les travaux d'Haussmann ne lui a-t-elle pas fait perdre de son attrait ? Que dire également des inégalités sociales qui, à la faveur de cette modernisation, sont apparues au grand jour ? Comment faire face à une **gentrification** qui chasse inexorablement les classes populaires du centre de la ville ?

L'**hégémonie de la capitale**, qui a pour effet d'éclipser la province, est depuis fort longtemps, un facteur de préoccupation. Sensible dès le XIXe siècle, la dévalorisation sociale, politique et économique de la province est allée en s'accentuant tout au long du XXe siècle. Dès 1947, le géographe Jean-François Gravier (1915-2005) dénonçait ce phénomène dans un livre au titre éloquent : *Paris et le désert français*. En dehors de Paris, point de salut! Telle semble être la loi fondatrice d'une France bien trop centralisée, bien trop jacobine que nombre de «Provinciaux» sont décidés désormais à contester, comme l'a montré le mouvement des **Gilets jaunes** en 2018.

Mais la contestation de la capitale ne vient pas uniquement de la province. Elle émane aussi de ses habitants qui s'interrogent sur leur **qualité de vie** à Paris. Comment continuer à vivre dans une capitale où les appartements, même exigus, sont hors de prix? Comment ne pas altérer sa santé dans une capitale aussi asphyxiée et aussi asphyxiante?

Paris, capitale? Oui, mais, à la stupeur générale, durant quelques heures en 2015, de la **pollution mondiale**. Paris, capitale? Oui, mais de l'**exode vers la province**, notamment depuis la pandémie du début des années 2020. Au vu de ces écueils, Paris est-elle toujours aussi attrayante qu'on veut bien le dire? Rien n'est moins sûr.

A Une capitale des désillusions

«L'air de Paris est si mauvais que je le fais bouillir avant de respirer», confiait déjà au XIXe siècle le compositeur Erik Satie. Pleine d'ironie, cette solution fantaisiste en dit long sur le mécontentement du compositeur qui s'appuie sur sa propre expérience pour dénoncer l'air vicié de la capitale.

Car, derrière l'image resplendissante de la Ville lumière se cachent des **aspects peu reluisants** qui peuvent surprendre. Sans doute trop idéalisée par certains, la capitale suscite de grandes désillusions chez d'autres. Jean-Jacques Rousseau DOC 12 • p. 47, philosophe des Lumières, reconnaît dans ses *Confessions* en avoir fait l'amère expérience. Lui qui, depuis la Suisse, n'avait recueilli que des témoignages élogieux sur Paris dont il est d'usage de vanter la beauté et la richesse, éprouve une grande déception devant des **rues sales et laides**. La splendeur de Paris lui apparaît dès lors comme un mythe entretenu par les artistes.

Qu'en est-il vraiment de cette fameuse splendeur de la capitale depuis que les travaux du baron Haussmann au cours du Second Empire ont fait de Paris la capitale la plus visitée au monde ? Ces transformations, pour le moins radicales, ont-elles enlaidi la ville ? Lui ont-elles fait perdre son âme comme le déplore Guillaume Apollinaire DOC 13 • p. 49 , qui, après avoir été blessé durant la Grande Guerre, revient dans le quartier d'Auteuil dont il n'apprécie guère la métamorphose. L'**embourgeoisement du quartier** a chassé le Paris populaire qu'il aimait tant, effaçant ainsi, selon le poète, tout le charme de la capitale.

De fait, la **disparition des quartiers populaires** dans Paris a eu de fortes conséquences sociales. À force de repousser les travailleurs précaires dans la banlieue, les inégalités se sont creusées entre Paris et sa banlieue. De spatial, cet antagonisme est devenu social. La rivalité entre les riches vivant au centre de Paris et les populations désargentées vivant dans des quartiers périphériques insalubres aiguise les envies et provoque des affrontements. À la Belle Époque, au début du XXe siècle, Paris fut secouée par la fameuse bande de voleurs de l'Est parisien, les **Apaches de Belleville** qui, comme le rappelle le film de Romain Quirot DOC 14 • p. 52 , ne cherchaient pas seulement à détrousser les riches mais réclamaient une égalité sociale que Paris ne sait plus offrir à ses habitants. Considérée comme la **capitale des inégalités sociales**, Paris fut alors le théâtre, notamment la nuit, d'un véritable **soulèvement social**.

Un siècle plus tard, loin d'avoir été comblé, ce fossé n'a fait que s'accentuer avec le phénomène galopant de la **gentrification de la capitale**, ainsi que le démontre la sociologue Anne Clerval DOC 15 • p. 53 . Si le Paris de la fin du XIXe siècle est la capitale de l'opulence, du moins conserve-t-elle certains quartiers ouvriers. Au début du XXIe siècle, ce n'est plus le cas tant ce phénomène de gentrification devient massif : Paris n'abritera désormais plus que des classes aisées. Le symbole de démocratie que voyait Victor Hugo dans la capitale n'est plus. Il a cédé la place aux désillusions.

DOC 12

Jean-Jacques Rousseau
Les Confessions, Livre IV (1782)

🎵 Marc Lavoine, *Paris*, 1991

Dans son autobiographie, Les Confessions, l'écrivain Jean-Jacques Rousseau (1712-1778) raconte à ses lecteurs les épisodes les plus marquants de son existence. Parmi les plus célèbres figure son arrivée à Paris. Rousseau exprime une profonde déception devant cette ville qu'il trouve laide et sale. Selon l'écrivain, la beauté indépassable de Paris est un mythe qui ne résiste pas à la réalité.

[Une capitale à la beauté surévaluée ?]

Combien l'abord[1] de Paris démentit[2] l'idée que j'en avais ! La décoration extérieure que j'avais vue à Turin[3], la beauté des rues, la symétrie et l'alignement des maisons me faisaient chercher, à Paris, autre chose encore. Je m'étais figuré[4] une ville aussi belle
5 que grande, de l'aspect le plus imposant, où l'on ne voyait que de superbes rues, des palais de marbre et d'or. En entrant par le faubourg Saint-Marceau[5], je ne vis que de petites rues sales et puantes, de vilaines maisons noires, l'air de la malpropreté, de la pauvreté, des mendiants, des charretiers[6], des ravaudeuses[7],
10 des crieuses[8] de tisane et de vieux chapeaux. Tout cela me frappa d'abord à tel point, que tout ce que j'ai vu depuis à Paris de magnificence[9] réelle n'a pu détruire cette première impression, et qu'il m'en est resté toujours un secret dégoût pour l'habitation

---

1. Abord : aspect premier.
2. Démentit : contredit.
3. Turin : ville du nord de l'Italie où Rousseau séjournait alors.
4. Figuré : imaginé.
5. Faubourg Saint-Marceau ou Saint-Marcel : situé sur la rive gauche de la Seine, ce quartier eut longtemps la réputation d'être l'un des plus laids et les plus sales de Paris.
6. Charretiers : conducteurs de charrettes.
7. Ravaudeuses : couturières qui reprisaient les vêtements usagés.
8. Crieuses : vendeuses ambulantes à la criée.
9. Magnificence : splendeur.

de cette capitale. Je puis dire que tout le temps que j'y ai vécu
dans la suite[1] ne fut employé qu'à y chercher des ressources
pour me mettre en état d'en vivre éloigné. Tel est le fruit d'une
imagination trop active, qui exagère par-dessus l'exagération des
hommes, et voit toujours plus que ce qu'on lui dit. On m'avait
tant vanté Paris, que je me l'étais figuré comme l'ancienne
Babylone[2], dont je trouverais peut-être autant à rabattre[3], si
je l'avais vue, du portrait que je m'en suis fait. La même chose
m'arriva à l'Opéra, où je me pressai d'aller le lendemain de mon
arrivée ; la même chose m'arriva dans la suite à Versailles ; dans
la suite encore en voyant la mer ; et la même chose m'arrivera
toujours en voyant des spectacles qu'on m'aura trop annoncés :
car il est impossible aux hommes et difficile à la nature elle-
même de passer[4] en richesse mon imagination.

3 questions pour vous guider...

1. Lignes 1-10 : citez trois éléments qui, pour Jean-Jacques Rousseau, différencient Turin de Paris.
2. Pourquoi Rousseau éprouve-t-il « un secret dégoût pour l'habitation de cette capitale » (l. 13-14) ?
3. Pour quelle raison Rousseau imaginait que Paris était comparable à « l'ancienne Babylone » (l. 19-20) ?

---

1. Dans la suite : ensuite.
2. L'ancienne Babylone : ville de Mésopotamie connue durant l'Antiquité pour sa splendeur et sa richesse.
3. Rabattre : critiquer.
4. Passer : surpasser, aller au-delà.

DOC 13

GUILLAUME APOLLINAIRE
Le Flâneur des deux rives (1918)

🎵 Alain Souchon, *Rive gauche*, 1999

Dans Le Flâneur des deux rives, *le poète Guillaume Apollinaire (1880-1918) rassemble, avant de mourir, les récits de ses flâneries dans Paris. Parti au combat dès 1914, le soldat blessé revient du front dans la capitale qu'il chérit mais la trouve terriblement changée, à commencer par son quartier préféré, Auteuil.*

Situé dans l'ouest parisien, ce quartier du 16ᵉ arrondissement pâtit selon lui des travaux de modernisation qui lui ont fait perdre son charme. Car, pour le poète de la tour Eiffel, la modernité urbaine n'a de sens que si elle permet de conserver le caractère populaire de Paris qui en fait sa beauté.

[**Une capitale sans âme**]

SOUVENIR D'AUTEUIL

Les hommes ne se séparent de rien sans regret, et même les lieux, les choses et les gens qui les rendirent le plus malheureux, ils ne les abandonnent point sans douleur.

C'est ainsi qu'en 1912, je ne vous quittai pas sans amertume[1], lointain Auteuil, quartier charmant de mes grandes tristesses. Je n'y devais revenir qu'en l'an 1916 pour être trépané[2] à la Villa Molière.

*

Lorsque je m'installai à Auteuil en 1909, la rue Raynouard ressemblait encore à ce qu'elle était du temps de Balzac[3]. Elle

---

1. Amertume : chagrin, dépit, regret.
2. Blessé à la tête par un éclat d'obus en 1916 dans les tranchées, Apollinaire dût subir une trépanation, opération qui consiste à ouvrir la boîte crânienne.

3. Honoré de Balzac (1799-1850) : romancier français qui a fait du Paris de la Restauration le décor majeur de ses récits. Voir doc 4 et doc 16.

est bien laide maintenant. Il reste la rue Berton, qu'éclairent des lampes à pétrole[1], mais bientôt, sans doute, on changera cela.

C'est une vieille rue située entre les quartiers de Passy et d'Auteuil. Sans la guerre elle aurait disparu ou du moins serait devenue méconnaissable.

La municipalité avait décidé d'en modifier l'aspect général, de l'élargir et de la rendre carrossable[2].

On eût supprimé ainsi un des coins les plus pittoresques[3] de Paris.

C'était primitivement[4] un chemin qui, des berges[5] de la Seine, montait au sommet des coteaux de Passy à travers les vignobles[6].

La physionomie[7] de la rue n'a guère changé depuis le temps où Balzac la suivait lorsque, pour échapper à quelque importun[8], il allait prendre la patache[9] de Saint-Cloud qui l'amenait à Paris.

[...]

Mais que le passant entre dans la rue Berton, il verra d'abord que les rues qui la bordent sont surchargées d'inscriptions, de *graffiti*, pour parler comme les antiquaires. Vous apprendrez ainsi que *Lili d'Auteuil aime Totor du Point du Jour*[10] et que pour le marquer, elle a tracé un cœur percé d'une flèche et la date de *1884*. Hélas! pauvre Lili, tant d'années écoulées depuis ce témoignage d'amour doivent avoir guéri la blessure qui stigmatisait[11] ce cœur. Des anonymes ont manifesté tout l'élan de leurs âmes par ce cri profondément gravé: *Vive les Ménesses*[12]!

---

1. L'éclairage public électrique ne s'est généralisé à Paris qu'après 1918.
2. Carrossable: praticable pour des carrosses ou des automobiles.
3. Pittoresques: originaux, particuliers.
4. Primitivement: à l'origine.
5. Berges: rives.
6. De Montmartre au nord jusqu'à Passy à l'ouest, Paris était entourée de vignes.
7. Physionomie: apparence.
8. Importun: personne indiscrète, ennuyeuse.
9. Patache: transport en commun de mauvaise qualité.
10. La rue du Point du Jour est une rue du 16e arrondissement.
11. Stigmatisait: condamnait.
12. Ménesses: prostituées, en argot.

Et voici une exclamation plus tragique : *Maudit soit le 4 Juin 1903[1] et celui qui l'a donné*. Les graffites[2] patibulaires[3] ou joyeux continuent ainsi jusqu'à une construction ancienne qui offre, à gauche, une porte cochère[4] superbe flanquée[5] de deux pavillons[6] à toiture en pente ; puis on arrive à un rond-point où s'ouvre la grille d'entrée du parc merveilleux qui contient une maison de santé célèbre, et c'est là que l'on trouve aussi l'unique chose qui relie – mais si peu, puisque la poste est très mal faite – la rue Berton à la vie parisienne : une boîte à lettres.

Un peu plus haut, on trouve des décombres au-dessus desquels se dresse un grand chien de plâtre. Ce moulage est intact et je l'ai toujours vu à la même place, où il demeurera vraisemblablement jusqu'au moment où les terrassiers[7] viendront modifier la rue Berton. Elle tourne ensuite à angle droit et, avant le tournant, c'est encore une grille d'où l'on voit une villa moderne encaissée[8] dans une faille du coteau. Elle paraît misérablement neuve dans cette vieille rue, qui dès le tournant, apparaît dans toute sa beauté ancienne et imprévue. Elle devient étroite, un ruisseau court au milieu, et par-dessus les murs qui l'enserrent, ce sont des frondaisons[9] touffues qui débordent du grand jardin de la vieille maison de santé du docteur Blanche[10], toute une végétation luxuriante[11] qui jette une ombre fraîche sur le vieux chemin.

---

1. Le 4 juin 1903 eut lieu à l'Académie française le discours de réception d'Edmond Rostand (1868-1918), auteur de *Cyrano de Bergerac* (1897), qu'Apollinaire n'appréciait pas.
2. Graffites : auteurs des graffitis.
3. Patibulaires : inquiétants, menaçants.
4. Porte cochère : grande porte à deux battants qui, dans les immeubles les plus luxueux, laissent passer des voitures à chevaux.
5. Flanquée : entourée.
6. Pavillons : maisons.
7. Terrassiers : ouvriers chargés de la réfection de la voierie.
8. Encaissée : enserrée.
9. Frondaisons : feuillages.
10. Émile Blanche (1820-1893) : célèbre docteur parisien spécialisé dans les maladies mentales.
11. Luxuriante : abondante, touffue.

Des bornes, de place en place, se dressent contre les murs et au-dessus de l'une d'elles on a apposé une plaque de marbre marquant que là se trouvait autrefois la limite des seigneuries de Passy et d'Auteuil.

3 questions pour vous guider...

1. Pourquoi Apollinaire déclare-t-il que la rue Raynouard du quartier d'Auteuil « est bien laide maintenant » (l. 10) ?
2. Lignes 25-42 : relevez trois raisons pour lesquelles Apollinaire regrette les travaux de modernisation de la capitale qui affectent le quartier d'Auteuil.
3. À quel propos Apollinaire évoque-t-il la « beauté ancienne et imprévue » (l. 51) que le passant peut trouver à Paris ?

DOC **14**

ROMAIN QUIROT
◉ *Apaches* (2023)

🎵 Pigalle, *Dans la salle du bar tabac de la rue des Martyrs*, 1990 🎧 **16**

[Une ville des inégalités sociales]

Dans son film, Apaches, le cinéaste français Romain Quirot (né en 1985) présente l'histoire tragique de la jeune Billie (Alice Isaaz) qui, dans le Paris du début du XXe *siècle, cherche à venger le meurtre de son frère. Car, de Belleville à Montmartre, la capitale est mise à feu et à sang par le gang des Apaches. Ces anarchistes, issus des milieux défavorisés, sont menés par le charismatique Jésus, le meurtrier que pourchasse Billie. Pour le piéger, Billie intègre la bande mais découvre que ses membres sont portés par un idéal d'égalité sociale. Pour eux Paris, foyer d'intolérables injustices, ne doit plus être soumise à la domination des plus riches.* CAHIER PHOTOS • P. V

3 questions pour vous guider...

1. Décrivez les différentes composantes de cette affiche.
2. À quel élément reconnaît-on que l'histoire se déroule à Paris ?
3. Que suggère la police d'écriture utilisée dans le titre du film ?

DOC **15**

CATHERINE CALVET
« Habiter Paris est un signe clair de domination sociale » (2013)

🎵 Orties, *Paris Pourri*, 2013 — 17

À l'occasion d'un entretien pour le quotidien Libération, la géographe Anne Clerval revient sur les raisons qui l'ont poussée à écrire en 2013 son essai au titre significatif : Paris sans le peuple.
À partir d'une enquête de terrain menée durant plusieurs années dans certains quartiers parisiens, la chercheuse montre que les travaux de modernisation du parc immobilier ne visaient pas uniquement l'amélioration des logements mais encouragèrent ce que Clerval nomme la gentrification, ce processus par lequel la population parisienne, autrefois mixte, cède la place à une classe sociale plus aisée. Le Paris populaire s'efface devant une capitale qui rejette la pauvreté hors de ses murs.

[**Une gentrification galopante**]

Pour la géographe Anne Clerval, la gentrification de la capitale s'est faite aux dépens des classes populaires. La municipalité Delanoë[1] n'aurait pas stoppé le mouvement dans une ville où la mixité sociale ne serait qu'illusion.

---
1. Bertrand Delanoë (né en 1950) : maire socialiste de Paris de 2001 à 2014.

Pourquoi utiliser un terme issu de l'anglais « gentrification » ?

Le terme français d'embourgeoisement recoupe des processus variés. À Paris, on peut dire que les beaux quartiers s'embourgeoisent, la part des classes supérieures y est de plus en plus forte. Mais ça n'a rien à voir avec la gentrification, une forme d'embourgeoisement qui touche les quartiers populaires anciens, d'où les classes populaires sont progressivement remplacées par une classe intermédiaire que l'on peut appeler la petite bourgeoisie intellectuelle. C'est une mutation sociale qui passe par une transformation urbaine, et c'est sans doute pour cette raison que les géographes se sont saisis de la question. [...]

Vous avez dressé une carte du front pionnier de la gentrification, comment s'étend-elle ?

À Paris, la progression [de la gentrification] se fait de proche en proche, d'où l'image du front pionnier partant des beaux quartiers et de la rive gauche pour atteindre le nord-est de la capitale et ensuite dépasser le périphérique en proche banlieue. L'image du front pionnier rappelle aussi le vocabulaire colonisateur utilisé pour décrire la gentrification, ou par les gentrifieurs[1] eux-mêmes : ils arriveraient tels de courageux conquérants dans des territoires en friche[2], voire hostiles, qu'ils feraient revivre. En réalité, la gentrification contribue à vider ces quartiers de leur substance populaire. En effet, elle rompt leur fonction historique d'accueil : chaque vague de migrants remplaçait la précédente, des Auvergnats au XIXe siècle aux Chinois aujourd'hui.

Après une apparente mixité sociale louée de façon aveugle, ce ne sont plus que des quartiers ripolinés[3], faits de commerces élitistes ou de franchises et peuplés d'habitants aisés. On le voit

---

1. Gentrifieurs : agents actifs de la gentrification.
2. En friche : négligé, à l'abandon.
3. Ripolinés : avec l'apparence du neuf.

très bien sur le faubourg Saint-Antoine[1], encore un peu mixte dans les années 90 et aujourd'hui caractérisé par la prépondérance[2] des cadres du privé et les professions culturelles, comme Montmartre ou le 9ᵉ arrondissement. À l'échelle de toute l'Île-de-France, presque tous les quartiers de la capitale apparaissent comme bourgeois ou aisés. Paris est donc de moins en moins mixte.

Derrière le discours sur le lien social, vous soulignez aussi beaucoup le cloisonnement, l'image de l'entre-soi pratiqué lors des brocantes…

Les gentrifieurs tiennent un discours très valorisant sur la mixité sociale – il rejoint d'ailleurs celui des édiles[3] et des chercheurs qui occupent les mêmes positions sociales. Mais c'est souvent un discours après-coup. Il faut souligner qu'ils ne s'installent dans ces quartiers que sous la contrainte du marché immobilier. Ils ne choisissent pas d'habiter dans un quartier mixte, mais d'habiter coûte que coûte dans Paris. Par la suite, ils vantent cette mixité sociale, presque de façon exagérée. En fait, ils ne la pratiquent pas beaucoup, cultivant une sociabilité endogame comme la plupart des groupes sociaux, mais aussi l'évitement scolaire. Finalement, ce discours est une stratégie de distinction : certains vivent dans des appartements de plus de 100 m² mais tiennent à se démarquer des bourgeois du 15ᵉ arrondissement. Le discours de gauche prônant la mixité sociale et la diversité fait partie de cette volonté de distinction. En marquant leur attachement à la ville centre, ils revendiquent aussi un capital culturel plus fort que ceux qui acceptent de vivre dans le pavillonnaire péri-urbain. Habiter Paris est de plus en plus un signe clair de domination sociale et les habitants des périphéries moyennes et populaires ne s'y trompent pas.

---

1. Le faubourg Saint-Antoine, qui débute au nord de la place de la Bastille, fut autrefois un quartier ouvrier.

2. Prépondérance : prédominance.
3. Édiles : conseillers municipaux.

N'ont-ils pas tout de même participé à une amélioration de certains quartiers ?

À l'amélioration du bâti et de l'espace public oui, mais à leur profit. En revanche, la gentrification ne change en rien le quotidien des classes populaires, au contraire. Celles-ci connaissent une paupérisation du fait de la crise. Selon les associations d'aide sociale et les antennes locales de la politique de la ville, la situation s'aggrave pour elles. La gentrification dans les quartiers sensibles signifie aussi une hausse des loyers et des prix dans les commerces, donc des situations de plus en plus difficiles pour les plus modestes.

«Habiter Paris est un signe clair de domination sociale»,
© liberation.fr, 18 octobre 2013

3 questions pour vous guider...

1. Pour quelle raison Anne Clerval choisit-elle le terme de «gentrification» plutôt que celui d'«embourgeoisement» pour parler de l'évolution sociale de Paris ?
2. Pourquoi Anne Clerval use-t-elle de l'expression de «front pionnier» (l. 22) au sujet de Paris ?
3. Expliquez la réflexion suivante : «Habiter Paris est de plus en plus un signe clair de domination sociale» (l. 60-61).

B Une capitale contre la province ?

«Le Parisien, mieux vaut l'avoir en journal!» Derrière cet amusant slogan de campagne publicitaire du début des années 2000, vantant sur un ton provocateur les mérites du célèbre quotidien, se cache un préjugé tenace amplement partagé par ceux qui vivent hors de Paris : condescendants et hautains, les Parisiens n'auraient que mépris pour le reste de la France.

De fait, la concentration au sein de la capitale de tous les pouvoirs p. 14-15, depuis le début du XIXe siècle, a occulté le reste du pays. Et cette importance grandissante, s'est accompagnée, selon Balzac (DOC 16 • p. 58), d'une **déconsidération croissante du reste de la France** bientôt désigné comme «la province». Dotée de peu de moyens financiers, au regard de Paris, et dépourvue de réel poids politique, la province pâtit de sa comparaison avec la capitale. Tout se joue à Paris et la province se voit contrainte, bien malgré elle, de jouer les seconds rôles.

Ce déséquilibre entre Paris et la province, qui est allé en s'accentuant au cours du XXe siècle, est devenu un élément majeur du débat public et un **important facteur de tension**. Le **soulèvement populaire des Gilets jaunes** à l'hiver 2018 (DOC 17 • p. 60) est à cet égard significatif. Il symbolise le désir de revanche d'une province appauvrie au profit d'une capitale qui, à leurs yeux, ne cesse de prospérer. Ce n'est plus Paris qui, comme au XIXe siècle se révolte contre le gouvernement: c'est, fait inédit, la province qui vient désormais à Paris pour se faire entendre.

Si le mouvement des Gilets jaunes eut un tel impact social et politique, c'est parce qu'au-delà de son caractère insurrectionnel, il révèle un **profond malaise de la province et de ses habitants** qui, selon Isabelle Guéguen (DOC 18 • p. 61) spécialisée dans les inégalités territoriales, ont le «sentiment d'être dépouillés par Paris et de compter pour rien». Le **déclassement social** – qui désigne le fait de descendre de l'échelle sociale – particulièrement éprouvé dans certaines provinces, en milieu rural comme en banlieue parisienne, souligne cette inégalité territoriale. En dépit de lois de décentralisation, le fossé entre Paris, la province et le reste du pays n'a cessé de se creuser.

DOC **16**

HONORÉ DE BALZAC
La Muse du département (1837)

🎵 Marie-Paule Belle, *La Parisienne*, 1977

Dans La Muse du département, *Honoré de Balzac (1799-1850) explore la place prépondérante que Paris occupe dans l'imaginaire et le quotidien des Français.*

Dans ce récit qui se déroule sous la Restauration (1814-1830), le romancier met en scène l'arrivée à Sancerre, petite ville de province, d'un journaliste parisien qui nourrit de grandes ambitions. À travers l'histoire de ce personnage, Balzac met en lumière les inégalités territoriales et culturelles qui s'accroissent entre Paris et la province.

[**Le décalage entre Paris et la province**]

Sachons-le bien[1] ! la France au dix-neuvième siècle est partagée en deux grandes zones : Paris et la province ; la province jalouse de Paris, Paris ne pensant à la province que pour lui demander de l'argent. Autrefois, Paris était la première ville
5 de province, la Cour primait la Ville[2] ; maintenant Paris est toute la Cour, la Province est toute la Ville. Quelque[3] grande, quelque belle, quelque forte[4] que soit à son début une jeune fille née dans un département quelconque ; si, comme Dinah Piédefer[5], elle se marie en province et si elle y reste, elle devient
10 bientôt femme de province. Malgré ses projets arrêtés, les lieux communs[6], la médiocrité des idées, l'insouciance de la toilette[7],

---

1. Sachons-le bien : qu'on retienne bien ce qui va suivre.
2. Sous l'Ancien Régime, Paris avait moins d'importance que le lieu où siégeait la Cour du Roi. En effet, si Paris fut une des villes privilégiées de la Cour, ce ne fut pas la seule car la Cour a pu se trouver aussi bien à Chambord, Fontainebleau ou Versailles.
3. Quelque : aussi.
4. Forte : résistante, endurante.
5. Personnage principal de ce roman de Balzac.
6. Lieux communs : banalités.
7. Insouciance de la toilette : négligence du choix de ses vêtements.

l'horticulture[1] des vulgarités envahissent l'être sublime[2] caché dans cette âme neuve, et tout est dit, la belle plante dépérit[3]. Comment en serait-il autrement ? Dès leur bas âge, les jeunes filles de province ne voient que des gens de province autour d'elles, elles n'inventent pas mieux, elles n'ont à choisir qu'entre des médiocrités, les pères de province ne marient leurs filles qu'à des garçons de province ; personne n'a l'idée de croiser les races[4], l'esprit s'abâtardit[5] nécessairement ; aussi, dans beaucoup de villes, l'intelligence est-elle devenue aussi rare que le sang y est laid. L'homme s'y rabougrit sous les deux espèces[6], car la sinistre idée des convenances de fortune[7] y domine toutes les conventions matrimoniales. Les gens de talent, les artistes, les hommes supérieurs, tout coq à plumes éclatantes s'envole à Paris.

3 questions pour vous guider...

1. Quelles sont, selon Balzac, les deux grandes zones qui partagent « la France au dix-neuvième siècle » (l. 1) ?
2. Quelle est, pour Balzac, la conséquence du fait que « les jeunes filles de province ne voient que des gens de province autour d'elles » (l. 14-16) ?
3. Lignes 23-24 : qui s'envole à Paris plutôt que de rester en province ? Pour quelles raisons ?

---

1. Horticulture : culture, entretien.
2. Sublime : supérieur.
3. Dépérit : meurt peu à peu.
4. Races : ici la race de la province et la race de Paris.
5. S'abâtardit : se dégrade.
6. Rabougrit sous les deux espèces : se détériore dans les deux sexes.
7. Convenances de fortune : accords contractuels passés entre deux familles en vue du mariage.

DOC **17**

VALENTINA CAMU ET HANS LUCAS
Désordre sur les Champs-Élysées lors d'une manifestation des Gilets jaunes
(2018)

♪ Kopp Johnson, *Gilet jaune*, 2018

[**Paris, symbole oligarchique ?**]

À partir d'octobre 2018 et pendant plus d'un an, tous les samedis, le mouvement des Gilets jaunes, du nom du gilet de signalisation routière revêtu par les manifestants, organise des manifestations sur tout le territoire français, afin de protester contre la hausse du prix des carburants.

Si les protestations consistent les premières semaines à occuper en province les ronds-points afin de bloquer la circulation, dès décembre 2018, des cortèges de Gilets jaunes se dirigent vers Paris perçue par eux comme le symbole d'une oligarchie, à savoir un régime politique aux mains de quelques rares privilégiés. De violents heurts se produisent alors entre les forces de l'ordre et les manifestants qui défilent notamment sur l'avenue des Champs-Élysées. CAHIER PHOTOS • P. VI

Issu des zones rurales et péri-urbaines, ce mouvement de contestation entend plus largement dénoncer l'hégémonie économique et sociale de Paris sur le reste du territoire.

3 questions pour vous guider...

1. Décrivez les différentes composantes de l'image.
2. Pourquoi l'avenue des Champs-Élysées a-t-elle été choisie par les manifestants ?
3. Quel élément de l'image montre qu'il s'agit d'une émeute ?

DOC **18**

FRÉDÉRIC MOUCHON
« En province, certains ont le sentiment de compter pour rien » (2019)

♪ Marcel Moloudji, *Province Blues*, 1955

Depuis la crise sociale des Gilets jaunes, de nombreux sociologues examinent la fracture qui se creuse entre Paris – symbole du pouvoir centralisateur – et la province qui se sent de plus en plus délaissée par l'État.
Dans un entretien accordé au quotidien Le Parisien, Isabelle Guéguen, consultante spécialisée dans les inégalités territoriales, revient sur la place dominante que la capitale et les métropoles occupent par rapport à la France rurale et aux petites villes. Elle témoigne d'un sentiment d'injustice territoriale préoccupant.

[**La province injustement reléguée**]

Isabelle Guéguen, consultante spécialisée dans les inégalités territoriales, constate une fracture de plus en plus béante entre la capitale, symbole du pouvoir centralisateur, et la France rurale et des petites villes.

5 […]

Existe-t-il un fossé entre la capitale et une partie de la France ?
ISABELLE GUÉGUEN. Les gens ont le sentiment qu'il n'y en a que pour les grandes villes au détriment des petites et du monde rural. Combien de fois j'entends dans les discours « Paris nous pompe », pour dire que les impôts sont trop élevés. Combien de fois aussi ai-je entendu que les moyens n'allaient qu'aux métropoles[1] et aux grosses collectivités locales.

---
1. Métropoles : villes principales d'un pays ou d'une région.

Cela crée-t-il un sentiment d'injustice ?

Oui, notamment quand on enlève dans de petites villes ou des zones rurales des services publics sous prétexte qu'il y a moins de monde. Les gens ont le sentiment d'être dépouillés, de compter pour rien. Beaucoup souffrent aussi de la fracture numérique quand ils vivent en zone blanche[1] et n'ont pas accès à un réseau mobile ou à Internet. Les femmes sont d'autant plus concernées car une école qui ferme et des coûts de transports plus élevés compliquent leur accès au travail souvent faiblement rémunéré.

Mais pourquoi pointer du doigt Paris ?

Parce que beaucoup de gens ont l'impression que tout se décide depuis Paris. C'est le cas pour la réduction de vitesse à 80 km/h. Les gens qui sont contre disent que cette décision est tombée de Paris et ils demandent qu'on laisse aux élus locaux le soin de décider au cas par cas des limitations, avec leur expertise de terrain. […]

Ce sentiment de relégation[2] n'est-il pas le même depuis des années en banlieue ?

Je crois que le sentiment d'abandon est plus fort dans le monde rural, où les centres-bourgs dépérissent, où les bureaux de poste et les commerces ferment. En banlieue, beaucoup ont le sentiment qu'on a relégué au même endroit des gens qui cumulent de nombreuses difficultés mais ne bénéficient pas des mêmes moyens que les autres. C'est le cas pour les transports en commun mais aussi pour l'éducation. Alors que l'école devrait être un ascenseur social, les meilleurs enseignants ne vont pas enseigner en banlieue mais au cœur de Paris, à Henri IV.

« En province, certains ont le sentiment de compter pour rien »,
© leparisien.fr, 6 février 2019

---

1. Zone blanche : zone sans aucun accès à la vie numérique.

2. Relégation : rétrogradation dans une catégorie socialement inférieure.

3 questions pour vous guider...

1. Lignes 6-12 : pourquoi, selon Isabelle Guéguen, existe-t-il un fossé entre Paris et le reste du pays ?
2. Pour les Français interrogés par Isabelle Guéguen, quels sont les effets des décisions prises par Paris ? Donnez quelques exemples.
3. Que désigne le « sentiment de relégation » (l. 29) que le monde rural et la banlieue éprouvent vis-à-vis de Paris ? À quel autre terme fait-il écho dans l'article (l. 31) ?

C Une capitale asphyxiée

« Métro, boulot, dodo » : qui n'a jamais entendu cette célèbre devise qui exprime le sentiment de lassitude voire d'aliénation de celui qui subit Paris au quotidien ? Car, si la province se plaint de Paris, les Parisiens se plaignent également de leur propre ville qui, pour beaucoup d'entre eux, est une capitale littéralement asphyxiée.

De fait, plus qu'aucune autre ville en France, Paris peine à respecter les normes écologiques. Par la densité de sa population et l'intensité de ses activités économiques, la capitale française est la **ville la plus polluée de France**. Elle détient même, depuis mars 2015, un sinistre record mondial : celui de la capitale de la planète la plus polluée aux particules fines DOC 19 • p. 64 . Comment pouvait-il en être autrement quand le parc automobile parisien atteignait cette année-là le chiffre record de plus de 2,5 millions de véhicules ?

Une telle saturation de l'air révèle aussi le **manque criant d'espaces verts** dans la capitale et sa région. Comme le souligne la journaliste Aurélie Foulon DOC 20 • p. 65 , Paris connaît un déficit d'étendues arborées au regard de sa population. Si durant le XIXe siècle, avec notamment les travaux d'Haussmann, la capitale s'est dotée de vastes jardins publics comme le parc des

Buttes-Chaumont, le parc Monceau et le parc Montsouris, ces espaces ne suffisent désormais plus à remplir les normes écologiques. Il faut davantage de verdure à Paris pour y vivre sainement.

Mais là n'est pas le seul reproche que les Parisiens adressent à la capitale. Nombreux sont ceux qui déplorent l'**aggravation des conditions de vie**, parce qu'ils n'arrivent plus à vivre décemment et sereinement dans cette ville tant les surfaces habitables sont étroites, le marché de l'immobilier hors de prix et la vie stressante. C'est le constat fait par les Parisiens qui, en 2020, après la crise sanitaire DOC 21 • p. 68 ont quitté Paris pour s'installer en province, dans des villes de taille moyenne, provoquant un important **exode urbain**. Autrefois attractive, Paris serait donc devenue la capitale repoussoir du «Métro, boulot, tombeau»?

DOC **19**

FRANCK FIFE
◉ **La tour Eiffel et les toits de Paris à travers une brume de pollution** (2015)

  Julien Doré, *Paris-Seychelles*, 2013 21

[**La capitale mondiale de la pollution**]

Le 18 mars 2015, un voile brumeux tombe brusquement sur Paris au point de faire disparaître la tour Eiffel durant une grande partie de la journée. Cette brume est la manifestation d'un pic de concentration de particules fines dans l'atmosphère et ce pic est d'autant plus grave qu'il dépasse les seuils connus. Au terme de cet épisode de pollution massive, la capitale française tient pendant quelques heures un triste record: celui de la ville la plus polluée du monde. CAHIER PHOTOS • P. VII

Eugène Delacroix, *La Liberté guidant le peuple* (1830)

→ PRÉSENTATION ET QUESTIONS • CHAPITRE 1, DOC 2, P. 16

Jean Béraud, *Après l'office à l'église de la Sainte Trinité, Noël 1890* (1901)

→ PRÉSENTATION ET QUESTIONS • CHAPITRE 1, DOC 6, P. 26

Photo extraite de la série *Emily in Paris* (2020), créée par Darren Star

→ PRÉSENTATION ET QUESTIONS • CHAPITRE 1, DOC 11, P. 37

Photo extraite du film *La Haine* (1995), de Mathieu Kassovitz
→ PRÉSENTATION ET QUESTIONS • CHAPITRE 2, CINE&CIE, P. 42

Affiche du film *Apaches* (2023), de Romain Quirot
→ PRÉSENTATION ET QUESTIONS • CHAPITRE 2, DOC 14, P. 52

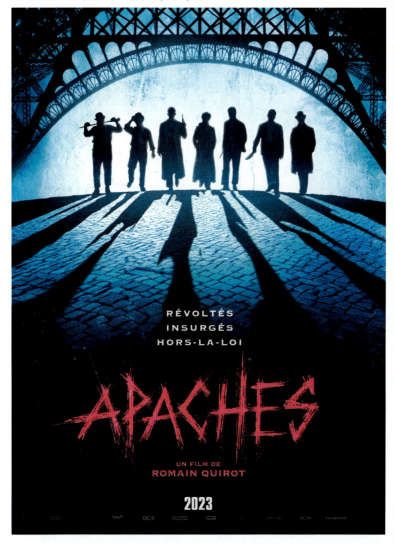

Photographie de Valentina Camu et Hans Lucas, *Désordre sur les Champs-Élysées lors d'une manifestation des Gilets jaunes* (2018)

→ PRÉSENTATION ET QUESTIONS • CHAPITRE 2, DOC 17, P. 60

Photographie de Franck Fife, *La tour Eiffel et les toits de Paris à travers une brume de pollution* (2015)

→ PRÉSENTATION ET QUESTIONS • CHAPITRE 2, DOC 19, P. 64

Florian Hulleu, *Visuel du projet de la cérémonie d'ouverture des Jeux olympiques Paris 2024 sur la Seine* (2024)

→ PRÉSENTATION ET QUESTIONS • CHAPITRE 3, DOC 29, P. 106

3 questions pour vous guider...

1. Décrivez les différentes composantes de l'image.
2. À quel élément reconnaît-on qu'il s'agit de l'agglomération parisienne ?
3. À quoi voit-on que la ville est polluée ?

DOC **20**

AURÉLIE FOULON
« Île-de-France : plus de la moitié des communes du cœur de métropole manque d'espaces verts » (2021)

♪ Thomas Dutronc, *J'aime plus Paris*, 2007 — 22

Pour le quotidien Le Parisien, la journaliste Aurélie Foulon revient sur l'une des préoccupations actuelles majeures des Parisiens : le manque criant d'espaces verts dans la capitale.
Après des décennies de constructions bétonnées, notamment à l'Ouest dans le nouveau quartier d'affaires de La Défense, Paris et les communes alentour ont choisi d'aménager davantage de parcs afin d'offrir un cadre de vie plus agréable et plus écologique à ses habitants. Cependant, en dépit d'évidents efforts, l'évolution à l'échelle de la région reste trop faible.

[**Une capitale en manque d'espaces verts**]

[...] Le défi est colossal : alors que l'Organisation mondiale de la santé recommande un seuil de 10 m² d'espaces verts ouverts au public par habitant, de nombreuses communes franciliennes[1] en sont loin, voire très loin. En petite couronne[2], même en tenant

---

1. Franciliennes : de la région parisienne.
2. La petite couronne désigne les communes limitrophes de Paris en banlieue desservies par le métro comme Les Lilas, Romainville, Bagnolet ou encore Malakoff.

compte des espaces verts accessibles à moins de cinq minutes à pied situés sur d'autres villes, « la grande majorité des communes est carencée[1] [NDLR[2] : moins de 10 m² par habitant], voire très carencée (– de 5 m² par habitant) », constate Thomas Cormier, urbaniste à l'Institut Paris Région, qui déplore une situation préoccupante en termes d'accès à la nature et pour la biodiversité.

D'après le Plan vert de la région Île-de-France, plus de la moitié des communes du cœur de métropole (périmètre englobant les 118 communes autour de Paris, caractérisées par la densité de l'habitat et la continuité du bâti) manque d'espaces verts.

Le sujet est devenu si sensible que personne ne veut entendre parler de classement. Pour obtenir des réponses à son questionnaire adressé aux 50 plus grandes villes de France et réaliser son palmarès, l'Observatoire des villes vertes s'engage à ne communiquer que sur les cinq communes exemplaires dans chaque catégorie (densité d'espaces verts, investissement, biodiversité…). Seule une ville d'Île-de-France tire son épingle du jeu sur la scène nationale : Vitry-sur-Seine (Val-de-Marne), qui a décroché la 3ᵉ place dans la catégorie « entretien », notamment grâce à son label « Terre saine – commune sans pesticide » obtenu en 2019.

« L'héritage de décennies d'urbanisation »

Pas un mot sur les derniers de la classe. « Les villes qui ont le moins d'espaces verts sont parfois celles qui font le plus d'efforts », insiste l'Observatoire. « Le constat actuel est l'héritage de décennies d'urbanisation, renchérit Thomas Cormier. Saint-Ouen (Seine-Saint-Denis) par exemple, n'arrive pas à passer ce seuil malgré l'ouverture du parc des Docks, qui est pourtant un parc urbain important pour la biodiversité avec une réflexion sur la place de l'eau ou la gestion arbustive[3]. » […]

---

1. Carencée : insuffisante.
2. NDLR : Note De La Rédaction du journal.
3. Gestion arbustive : le fait de gérer la plantation d'arbres.

Et si la solution passait par les friches industrielles ?

À l'échelle de la région, l'évolution est plus discrète. « On arrive déjà à figer la situation, à arrêter le processus d'urbanisation comme à Épinay-sur-Seine qui a modifié son plan local d'urbanisme pour repasser des zones classées U (urbain) en N (nature). » Plus largement, à l'échelle de la métropole, « après une période très longue de disparition de nature grignotée, on constate une rupture : entre 2012 et 2017, il y a un maintien du nombre d'espaces verts ouverts », s'enthousiasme Thomas Cormier.

Dans les communes les plus « imperméabilisées », le graal[1] se trouve souvent dans les friches industrielles. « Les créations tiennent beaucoup aux grands projets, explique Thomas Cormier. Les ZAC[2] amènent beaucoup de population, mais aussi la possibilité de prévoir des espaces verts. » Certaines communes en imposent même une part minimum pour chaque projet immobilier.

« Île-de-France : plus de la moitié des communes du cœur de métropole manque d'espaces verts », © leparisien.fr, 20 septembre 2021

3 questions pour vous guider…

1. Pour quelle raison Thomas Cormier déclare-t-il que, dans Paris et les communes alentour, « la grande majorité des communes est carencée » (l. 6-7) en espaces verts ?

2. Comment l'Observatoire des villes vertes explique-t-il que « Les villes qui ont le moins d'espaces verts sont parfois celles qui font le plus d'efforts » (l. 26-28) ?

3. Quel est le « graal » (l. 43) dans les communes qui possèdent le moins d'espaces verts ?

---

1. Graal : récompense ultime.   **2. ZAC :** Zones d'Activités Commerciales.

DOC **21**

MARION DURAND
« Pourquoi Paris se vide de ses habitants ? » (2022)

🎵 Camille, *Paris*, 2002 — 23

Cet article du quotidien La Croix, *signé de Marion Durand, journaliste en charge des questions de société, revient sur l'exode urbain qui frappe désormais Paris. De fait, si, depuis 2013, le nombre d'habitants de la capitale diminue fortement, cette baisse s'est encore accélérée avec la crise sanitaire de 2020.*
Lassées de logements trop étroits, certaines familles, pouvant désormais télétravailler, ont fait le choix de partir en province pour accéder à de meilleures conditions de vie. Paris se serait ainsi vidée d'une bonne part de ses habitants.

[**Paris, victime d'un exode urbain ?**]

Selon les derniers chiffres publiés par l'Insee[1], la capitale comptait 2 165 423 habitants en 2019, soit une baisse d'environ 64 000 habitants en six ans. Même si la population de Paris décroît depuis 2013, la crise du Covid-19 et le recours au télétravail ont encouragé le départ de certains Parisiens.

« *Au moment où je vous parle, j'ai du soleil dans les yeux, et la montagne devant moi.* » On pourrait presque l'entendre sourire. Guillaume est l'un de ces Parisiens qui ont quitté la capitale pendant la crise sanitaire, et qui ne reviendraient pour rien au monde. Partis, avec sa femme et ses trois enfants, pour une semaine de vacances en février dernier à Annecy[2], ils sont revenus y poser leurs valises en juin, pour y emménager cette fois. « *Aujourd'hui mon environnement est infiniment plus apaisant.* » affirme ce chef d'entreprise, qui habitait dans le 8ᵉ arrondissement.

---

1. Insee : Institut national de la statistique et des études économiques.

2. Annecy : chef-lieu et préfecture du département de Haute-Savoie comptant 131 766 habitants.

Depuis quelques années, l'exode des Parisiens se confirme. Les quelques 2 229 621 habitants de Paris en 2013 étaient environ 64 000 de moins en 2019, avant la crise sanitaire. Et s'ils n'ont pas attendu la pandémie pour quitter Paris, « *le Covid a été un accélérateur de tendance*, analyse le sociologue Jean Viard, directeur de recherche au CNRS[1] au centre de recherches politiques de Sciences Po. *On est au milieu d'une vague de changement, les gens veulent donner du sens à leur vie.* »

Avec sa femme, Guillaume pensait déjà à quitter Paris. Après avoir passé « *un an et demi en face d'un mur* » et réalisé que son entreprise pouvait rester performante en travaillant à distance, le couple a décidé de franchir le pas. S'il faut attendre quelques années pour mesurer le véritable impact de la crise sanitaire sur la mobilité des Parisiens, il est déjà certain que celle-ci a pu encourager des départs comme le leur.

Avec un facteur d'accélération : le télétravail. Plus de la moitié des cadres qui ont quitté la capitale en 2018 n'ont pas changé de lieu d'activité, selon l'Insee, qui envisage encore une hausse des départs. « *Parmi ceux qui partent, il y a une majorité de gens qui déménagent au bout de la ligne de RER et qui travaillent encore à Paris ou qui télétravaillent* », explique encore Jean Viard.

Au-delà de la pandémie, la difficulté de se loger et la recherche d'une meilleure qualité de vie sont souvent ce qui pousse les familles à quitter la ville, particulièrement lorsqu'elles s'agrandissent. « *C'est un phénomène plutôt familial* » avec l'idée de la « *maison avec jardin* », décrypte Jean Viard. Dans la capitale, Guillaume et son épouse payaient 2 600 € par mois pour un appartement de 90 m^2. Aujourd'hui, le couple débourse 600 € de moins pour 40 m^2 de plus, en plein centre-ville d'Annecy, avec une terrasse et… vue sur la montagne.

Conséquence de ces départs : l'Île-de-France à l'exception de Paris (+ 4 %), et surtout la province (+ 8,8 %), ont vu le prix des logements augmenter au cours de l'année passée. En 2021,

---

1. CNRS : Centre National de la Recherche Scientifique.

les acheteurs parisiens en effet privilégient de plus en plus la province, – 31 % des transactions contre – 23 % en 2019, selon les Notaires de France.

À Paris aussi, les marques de cet exode familial sont devenues visibles dans les cours d'école. Comme la population, le nombre d'élèves scolarisés dans le premier degré baisse depuis 2013. Mais à la rentrée 2021, les élèves parisiens étaient encore moins nombreux que d'habitude. « *Dans les écoles maternelles et élémentaires publiques, on a compté 6 000 élèves en moins, ce qui représente une baisse de 5 %* », rapporte Patrick Bloch, adjoint à l'éducation auprès de la mairie de Paris. Une diminution plus importante que l'année dernière où environ 4 000 élèves manquaient par rapport à 2019.

« *Les gens avaient commencé à partir en 2020 mais à la rentrée dernière, ç'a été la grosse surprise, c'est là qu'on a eu le plus de départs* », explique le directeur d'un établissement du 10e arrondissement. Même constat dans le 9e arrondissement, par le directeur d'une école primaire qui a perdu près de 20 % de ses élèves entre 2017 et 2020 : « *Paris est devenu trop cher pour les familles : le mouvement actuel, ce sont des gens qui partent.* »

« Pourquoi Paris se vide de ses habitants ? »,
© lacroix.com, 17 janvier 2022

3 questions pour vous guider...

1. Lignes 6-14 : pourquoi Guillaume et sa famille ont-ils choisi de quitter Paris pour s'installer définitivement à Annecy ?
2. Lignes 30-40 : quels sont les deux facteurs d'accélération ?
3. Quelles sont, selon la journaliste, les marques visibles à Paris de cet exode urbain massif ?

PLAYLIST N° 2

Chapitre 2 – Paris, une capitale contestée

En 1984, « Paris » de Taxi Girl s'attaquait au mythe de Paris « Ville lumière » P. 43 ♪13. Mais que reprochent précisément certains chanteurs et chanteuses à Paris ? Pourquoi la capitale, autrefois adulée, suscite-t-elle désormais du rejet ? Autant de questions auxquelles, de Marc Lavoine à Camille, la chanson française a proposé de répondre en musique.

A. Une capitale des désillusions ?

♪ 14 Marc Lavoine, *Paris*, 1991

Chanteur populaire, Marc Lavoine (né en 1962) opère, en 1991, un virage vers la chanson réaliste. Il s'inspire désormais de l'héritage musical des chansons évoquant la magie de Paris et s'inscrit dans la veine des chanteurs à texte. Sur une mélodie mélancolique, « Paris » évoque avec amertume la solitude ressentie dans la capitale.

♪ 15 Alain Souchon, *Rive gauche*, 1999

En 1999, le chanteur Alain Souchon (né en 1944) évoque dans son tube « Rive gauche » ce qu'est devenu Paris, la ville chère à son cœur. Désormais livrée aux spéculateurs immobiliers, elle n'est plus la capitale éprise « d'art et de liberté » qui l'avait enthousiasmé adolescent.

♪ 16 Pigalle, *Dans la salle du bar tabac de la rue des Martyrs*, 1990

À la tête de Pigalle, François Hadji-Lazaro (1956-2023) chante le Paris qu'il aime. Mêlant la mélancolie de la chanson réaliste à l'énergie punk, « Dans la salle du bar tabac de la rue des Martyrs » montre un univers parisien à l'écart des classes privilégiées. Se côtoient dans ce bar populaire voyous, exclus et toxicomanes.

17 Orties, *Paris Pourri*, 2013

Dans « Paris Pourri », les jumelles d'Orties dénoncent une capitale ravagée par la gentrification. S'inspirant de « Paris » de Taxi Girl, Antha et Kincy Orties montrent le double visage de la capitale : d'un côté le Paris des riches, dominateur et méprisant, et de l'autre, l'alternatif, qui cherche à s'amuser et survivre comme il peut.

B. Une capitale contre la province ?

18 Marie-Paule Belle, *La Parisienne*, 1977

En 1977, la chanteuse et pianiste Marie-Paule Belle (née en 1946) connaît son plus grand succès avec « La Parisienne ». Sur un air de french cancan, porté par les paroles humoristiques de Françoise Mallet-Joris, « La Parisienne » tourne en dérision les snobismes de la capitale.

19 Kopp Johnson, *Gilet jaune*, 2018

En 2018, le mouvement des Gilets jaunes proteste contre l'augmentation des taxes sur les carburants. Les régions manifestent d'abord sur les ronds-points des agglomérations puis les manifestations investissent Paris tous les samedis. Kopp Johnson, rappeur toulousain, offre avec « Gilet jaune » un chant à scander aux manifestants.

20 Marcel Moloudji, *Province Blues*, 1955

Le début de la carrière de Marcel Mouloudji (1922-1994) est marqué en 1955 par le succès de « Province Blues ». Dans une mélodie triste et mélancolique, Mouloudji y évoque la manière dont la province se sent rabaissée par l'arrogance parisienne.

C. Une capitale asphyxiée

21 Julien Doré, *Paris-Seychelles*, 2013

En 2013, Julien Doré, sensible aux problématiques écologistes, s'impose dans la chanson française avec sa composition pop, «Paris-Seychelles». Doré raconte de manière symbolique une histoire d'amour qui a besoin d'air : un couple qui, étouffant à Paris, rêve de partir ailleurs, aux Seychelles.

22 Thomas Dutronc, *J'aime plus Paris*, 2007

Fils de Jacques Dutronc et de Françoise Hardy, icônes de la chanson française, Thomas Dutronc reprend le flambeau familial avec son tube «J'aime plus Paris». Ce succès de 2007, qui renoue avec le jazz manouche, est une comptine désabusée sur le désir de quitter Paris.

23 Camille, *Paris*, 2002

En 2002, la chanteuse Camille propose une chanson intitulée «Paris», aux accents de comédie musicale, qui parle de son désir de quitter Paris. À la manière d'une rupture amoureuse, la chanteuse déclare qu'elle n'aime plus cette capitale dont elle déplore la saleté. «Paris, je te quitte, je te plaque», chante-t-elle, vindicative, avant peut-être de se raviser…

CHAPITRE 3

Paris **face aux défis du XXIᵉ siècle**

et pour entrer
dans le vif du sujet…

p. 76

Pour entrer dans le vif du sujet...

UN FILM :
Revoir Paris, d'Alice Winocour (2022)

● Le résumé du film

Un soir de pluie à Paris, alors qu'elle vient de quitter son compagnon médecin appelé pour une urgence, Mia s'abrite du déluge dans une brasserie. Soudain une attaque terroriste éclate. Elle y survit mais ne se souvient de l'événement que par bribes. Quelques mois plus tard, ne parvenant pas à reprendre le cours de sa vie, elle revient sur les lieux de la tuerie à la recherche d'indices. Elle fait la rencontre d'une autre rescapée qui lui explique la notion de « diamant au cœur du trauma », ce lien fort qui se tisse autour d'un événement tragique. Mia part en quête de ce lien humain dans Paris.

Alors que la jeune traductrice sillonnait pour son travail, tous les jours à moto, cette ville qu'elle croyait connaître, elle la revoit désormais autrement.

● Le lien avec le thème

Film hanté par les attentats de 2015, *Revoir Paris* revient sur la question de la survie après un traumatisme. Mais *Revoir Paris* est aussi une ode à Paris, ville où l'on croise des rescapés, clients de la brasserie, des serveurs, des sans-papiers, travailleurs de l'ombre, tous liés, au-delà de cette histoire commune, par leur humanité. La force du film d'Alice Winocour est de sortir du Paris de carte postale pour faire redécouvrir le visage humain de la capitale, ouverte sur le monde.

▶ Observez l'image du film

3e DE COUVERTURE

1. Décrivez les différentes composantes de l'image.
2. À quel élément voit-on qu'il s'agit d'une rue de la capitale ?
3. Quelle est l'attitude du personnage ?

▶ **Visionnez le film et commentez-le !**
1. Dans quel endroit de la capitale a lieu l'attaque terroriste ? Pourquoi ce lieu est-il ciblé ?
2. Que font les Parisiennes et les Parisiens le lendemain des attaques ?
3. Pourquoi la jeune femme ne cesse, d'une scène à l'autre, de se demander pourquoi elle est heureuse ?

UNE CHANSON : *Un automne à Paris*, par Louane (2016)

N° 24

https://www.youtube.com/watch?v=_hXLyIh9pX4

● Présentation du contexte

En janvier et novembre 2015, Paris est touchée par plusieurs attentats terroristes qui font plus d'une centaine de morts. Suscitant une émotion sur le plan national, ces événements sont l'occasion pour de nombreux artistes, de revenir sur ce profond traumatisme. Le musicien Ibrahim Maalouf choisit de mettre en musique un poème d'Amine Maalouf évoquant ces drames.

● Le lien avec le thème

Interprété par Louane, « Un automne à Paris » est un hymne vibrant à la capitale qu'il invite à aimer plus que jamais pour surmonter le traumatisme.

▶ **Écoutez d'autres chansons en lien avec le thème du chapitre.**
PLAYLIST n° 3 • p. 109-110

« *Fluctuat nec mergitur* » : après les attentats terroristes de 2015, les murs de la capitale ont vu refleurir la devise latine de Paris selon laquelle « Paris flotte mais ne coule jamais. » Cette devise suit le parcours de Mia, réapparaissant tout au long du film *Revoir Paris*, comme pour montrer qu'à l'instar de cette ville, l'héroïne « flotte » un certain temps mais « ne coule pas ». Mia finira en effet par se libérer de son traumatisme grâce au lien qu'elle aura su créer d'abord avec Thomas, un autre rescapé, puis et surtout avec Hassan l'homme qui l'a maintenue en vie durant l'attentat, en lui tenant la main.

Comme pour Paris, la capacité de l'héroïne du film d'Alice Winocour à se régénérer tient au **lien affectif** que la capitale noue avec ses habitants. Car malgré ses nombreuses insuffisances et les critiques virulentes dont elle fait l'objet, Paris reste une **ville attachante** comme en témoigne le poète Paul Verlaine qui, après y avoir vécu de terribles souffrances durant des années, l'a quittée, puis revient s'y installer à la fin de ses jours. « Vive Paris quand même », s'exclame le poète qui considère la capitale comme une ville stimulante, capable de porter de nouveaux espoirs à condition de se la **réapproprier**.

Sans doute faut-il commencer par **rendre Paris habitable**. Pour relever un tel défi, il faut tout d'abord renouer avec une **véritable politique de décentralisation** qui permette à la province de ne pas être reléguée aux seconds rôles. Paris doit par ailleurs redevenir une **ville de proximité** faite pour ses habitants, et une **ville de la mixité sociale** fondée sur le brassage de toutes les classes sociales.

Le « **Grand Paris** » et les **Jeux olympiques d'été de 2024**, les deux grands chantiers de ce début de XXIe siècle vont-ils, en dépit de leur coût financier élevé, permettre de concrétiser ce projet? S'ils ont pour but de replacer la France et en particulier sa capitale sur la scène internationale, peut-être permettront-ils de faire de Paris ce qu'elle n'aurait jamais dû cesser d'être : une **ville hospitalière et ouverte sur le monde**.

A Paris quand même

« Le vrai Parisien n'aime pas Paris, mais il ne peut vivre ailleurs » s'amuse l'écrivain Alphonse Karr qui résume pourtant là avec éloquence le paradoxe de nombre de résidents de la capitale. Paris est détestée, Paris est haïe, Paris est rejetée, mais la capitale possède un **charme** et une **âme** qui, pour beaucoup, compensent à bien des égards ses dysfonctionnements. Sans doute est-ce le poète Paul Verlaine DOC 22 • p. 80 qui exprime le plus clairement cet attachement ambivalent à la capitale.

Analysant lucidement ce paradoxe, l'écrivain Éric Hazan DOC 23 • p. 82 met en évidence les défauts de Paris, mais juge qu'il faut les dépasser pour se réapproprier la capitale en dépit des ravages provoqués par la politique de gentrification qui a poussé hors de la ville des classes populaires. Il considère toutefois qu'il appartient désormais aux Parisiennes et aux Parisiens de **reprendre en main le destin de leur ville** afin qu'elle redevienne, comme par le passé, une capitale accueillante.

Car l'attrait de Paris subsiste. Si un **exode urbain** s'est indéniablement amorcé à partir de 2020 après l'épisode de la pandémie du Covid-19, poussant de nombreux Parisiens à s'installer en province pour une meilleure qualité de vie, force est de reconnaître que l'exode massif, dont une partie de la presse s'est fait l'écho à l'époque, relève davantage du **mythe** DOC 24 • p. 85. Renoncer à Paris, ce n'est manifestement pas pour tout de suite ni nécessairement fait pour durer.

DOC 22

Paul Verlaine
«Paris», *Poèmes divers* (1893)

🎵 Yves Simon, *Les Fantômes de Paris*, 1977   25

Composé en 1893, trois ans avant sa mort, «Paris» est l'un des derniers poèmes de Paul Verlaine (1844-1896). Poète maudit, à la vie tumultueuse, Verlaine revient vivre au début des années 1890 dans la capitale française après y avoir été pourtant très malheureux quelques décennies auparavant. Dans ces ultimes vers, Verlaine fait un éloge paradoxal de Paris. S'il reconnaît que la ville a de nombreux défauts, il lui déclare tout de même sa flamme car Paris demeure à ses yeux un lieu fascinant.

[**Aimer Paris en dépit de tout**]

Paris n'a de beauté qu'en son histoire,
Mais cette histoire est belle tellement[1] !
La Seine est encaissée[2] absurdement,
Mais son vert clair à lui seul vaut la gloire.

5 Paris n'a de gaîté que son bagout[3],
Mais ce bagout, encor qu'assez[4] immonde,
Il fait le tour des langages du monde,
Salant un peu ce trop fade ragoût.

Paris n'a de sagesse que le sombre
10 Flux de son peuple et de ses factions[5],
Alors qu'il fait des révolutions
Avec l'Ordre embusqué[6] dans la pénombre.

Paris n'a que sa Fille de charmant
Laquelle n'est au prix de l'Exotique

---

1. Tellement belle.
2. Encaissée: resserrée entre deux pentes.
3. Bagout: facilité à parler, verve.
4. Encor qu'assez: même s'il est assez.
5. Factions: groupes insurrectionnels, protestataires.
6. Embusqué: caché en embuscade.

15 Que torts gentils et vice peu pratique
Et ce quasi désintéressement[1].

Paris n'a de bonté que sa légère
Ivresse de désir et de plaisir,
Sans rien de trop que le vague désir
20 De voir son plaisir égayer[2] son frère.

Paris n'a rien de triste et de cruel
Que le poëte annuel ou chronique[3],
Crevant d'ennui sous l'œil d'une clinique[4]
Non loin du vieil ouvrier fraternel.

25 Vive Paris quand même et son histoire
Et son bagout et sa Fille, naïf
Produit d'un art pervers et primitif,
Et meure son poëte expiatoire[5] !

3 questions pour vous guider...

1. Quelle est, dans la première strophe, la qualité essentielle de Paris pour le poète ?
2. Dans les strophes 2 et 3, quelles sont les caractéristiques positives de Paris selon Verlaine ?
3. Relevez dans la dernière strophe le vers qui fait l'éloge de Paris. Pour quelle raison Verlaine utilise-t-il la locution « ne... que » ?

---

1. Paris n'a que les Parisiennes pour plaire/Qui se font rares/Qui entraînent de légers désagréments/ Et qui, finalement, ne se montrent jamais très intéressées par vous.
2. Égayer : mettre en joie.
3. Le poète qui, soit constamment, soit de temps à autre, compose ses vers à la gloire de Paris.
4. Clinique : groupe de médecins chargés d'examiner une catégorie de la population, ici les artistes.
5. Expiatoire : chargé de racheter ses fautes et ses péchés.

DOC 23
ÉRIC HAZAN
Le Tumulte de Paris (2021)

🎵 **Étienne Daho & Astrud Gilberto,** *Sur les bords de Seine*, 1996

Dans son essai, Le Tumulte de Paris, l'écrivain Éric Hazan (né en 1936) revient sur l'histoire récente de Paris. Cet amoureux de la capitale décrit les bouleversements urbains qui contribuent, depuis deux siècles, à la gentrification de cette ville en chassant les classes populaires au-delà du boulevard périphérique. Mais l'écrivain tempère son dénigrement dans cet extrait. Il considère que cet embourgeoisement n'est pas un mouvement irréversible. Il espère y voir la fin d'un cycle et une possible réappropriation de la capitale par ceux qui en sont aujourd'hui exclus.

[**Se réapproprier la capitale ?**]

Ce livre a été entrepris pour défendre Paris dont on dit aujourd'hui tant de mal – ville muséifiée, atone[1], embourgeoisée, etc. Le plus fort, c'est que ces propos ne sont pas tenus exclusivement par les ennemis habituels de Paris, ceux qui s'en tiennent à distance, qui ont peur des explosions périodiques[2]. Mais ceux que Paris a abrités, éduqués, cultivés, ceux qui lui sont largement redevables[3] de ce qu'ils sont devenus, ceux-là participent au dénigrement[4] de leur ville nourricière[5]. C'est peut-être qu'il y a une part justifiée dans cette façon de déboulonner Paris, de ruiner le mythe. Ville-musée ? Il est vrai que celui ou celle qui, du milieu du Pont-Neuf[6], ferait un tour complet sur lui/elle-même se trouverait comme au centre de la très vaste salle d'un musée imaginaire. Mais il n'y a là rien de nouveau, Rastignac[7]

---

1. Atone : terne, éteinte.
2. Éric Hazan fait ici allusion aux soulèvements populaires qui, de la Commune de 1871 jusqu'aux Gilets jaunes de 2018, ont pu ébranler la capitale.
3. Redevables : qui se doivent d'être reconnaissants.
4. Dénigrement : rejet, attaque.
5. Ville nourricière : ville natale.
6. Le Pont-Neuf, plus ancien pont de Paris, se trouve géographiquement au cœur de la capitale.
7. Héros de plusieurs romans de Balzac, Eugène de Rastignac est un personnage d'ambitieux faisant carrière à Paris. Voir doc 4.

ou Baudelaire[1] auraient eu à peu près la même vue – la Samaritaine[2] mise à part, bien entendu. L'embourgeoisement ? C'est depuis bien longtemps que Paris est divisé en deux par une ligne passant à peu près par le faubourg Poissonnière[3], les beaux quartiers à l'ouest et les quartiers « populaires » à l'est. Lors de la grande insurrection prolétarienne de 1848[4], les barricades ouvrières étaient parvenues jusqu'à cette ligne lors de leur plus grande avancée.

Ce qui est sûr, c'est que depuis les funestes[5] années Pompidou[6] le Paris populaire est grignoté, soit par des destructions (le Vél'd'Hiv'[7] où avait lieu la grande kermesse des Six Jours avec Édith Piaf et Marcel Cerdan[8], la Place des Fêtes[9] où les habitués de restaurants avaient encore leur rond de serviette, la rue Watt et ses alentours, chère aux situationnistes[10]), soit plus insidieusement[11] par une sorte de colonisation interne. Prenons un petit quartier périphérique peuplé d'Arabes, de Noirs et de Blancs pauvres – par exemple le quartier de l'Olive au nord de

1. Charles Baudelaire (1821-1867) : poète français connu notamment pour *Le Spleen de Paris*, recueil de poèmes en prose sur la capitale.
2. La Samaritaine : célèbre grand magasin fondé en 1870 situé entre la rue de Rivoli et la Seine.
3. Faubourg Poissonnière : important quartier situé sur la rive droite à cheval sur les 9e et 10e arrondissements.
4. Du 22 au 25 février 1848, à l'initiative des républicains et des libéraux, une partie du peuple de Paris, essentiellement d'origine ouvrière, se soulève contre la monarchie de Juillet. C'est le début de la Deuxième République.
5. Funestes : néfastes, déplorables.
6. À l'initiative de Georges Pompidou (1911-1974), alors président de la République (1969-1974), d'importants travaux de modernisation du parc immobilier de Paris furent entrepris.
7. Le Vel'd'hiv'ou Vélodrome d'hiver est un stade parisien construit en 1909 et détruit en 1959. Situé dans le 15e arrondissement, il fut notamment en 1942 le théâtre d'une rafle de juifs par la police française.
8. La chanteuse **Édith Piaf (1915-1963)** et le boxeur **Marcel Cerdan (1916-1949)** se rencontrèrent notamment lors de la Kermesse des Six Jours du Vel'd'hiv'où avaient lieu de nombreux événements festifs.
9. Place des Fêtes : vaste place du 19e arrondissement situé dans l'Est parisien.
10. Le situationnisme, notamment emmené par le philosophe Guy Debord (1931-1994), est un mouvement contestataire désireux d'en finir avec la dictature de la marchandise. À ce titre, il dénonça la défiguration par des constructions modernes et commerciales de la pittoresque rue Watt, située dans le 13e arrondissement.
11. Insidieusement : sournoisement.

La Chapelle[1], il y a vingt ans. (J'aurais pu prendre d'autres exemples, les berges du canal Saint-Martin[2] il y a trente ans ou la place de la Réunion[3] aujourd'hui.) Le coin est repéré comme agréable, on le fréquente, on l'explore et comme les loyers sont bas on s'y installe. D'autres suivent, des amis d'abord et puis n'importe qui. Les loyers montent, les immeubles sont rénovés, des bars s'ouvrent, puis un magasin bio, un restaurant vegan… Les premiers habitants, les indigènes[4] sont chassés par la hausse des loyers et vont s'établir plus loin, à Saint-Denis s'ils ont de la chance, ou sinon à Garges-lès-Gonesse, à Goussainville ou dieu sait où.

[…] Si le capitalisme continue à prospérer, le processus finira par vider Paris de tous ses pauvres et s'étendra à la première couronne où ils auront migré. Mais si nous sommes à la fin d'un cycle commencé avec Thermidor[5] – bien des signes permettent de l'espérer – alors tout va redevenir possible, y compris le retour des exclus, des entassés, des méprisés.

Le Tumulte de Paris, © Éditions La Fabrique, 2021

3 questions pour vous guider…

1. Qui, selon Éric Hazan, participe au dénigrement de l'agglomération parisienne ?

2. Lignes 21-27 : d'après Éric Hazan quels sont les quartiers de Paris qui ont perdu leur caractère populaire ? De quand date-t-il cette transformation urbaine ?

3. Expliquez cette phrase sur l'avenir de Paris : « alors tout va redevenir possible, y compris le retour des exclus, des entassés, des méprisés » (l. 44-45).

---

1. La Chapelle : quartier nord de Paris habité par une population majoritairement défavorisée.
2. Canal Saint-Martin : situé dans les 10e et 11e arrondissements, ce canal relie le bassin de la Villette au port de l'Arsenal.
3. Place de la Réunion : place de l'est parisien située dans le 20e arrondissement.
4. Au sens des habitants natifs du quartier lui-même.
5. Thermidor : mois du calendrier révolutionnaire qui fut marqué en 1793 par la fin de la Terreur et la chute de Maximilien Robespierre.

DOC **24**

THIBAULT SARDIER

« L'exode urbain, ce n'est pas pour toute fuite » (2022)

Benjamin Biolay, *Revoir Paris*, 2015

Dans un article pour le quotidien Libération, le journaliste Thibault Sardier, spécialiste des questions de société, revient sur l'exode urbain qui s'est produit après la pandémie de Covid-19. De nombreux Parisiens auraient ainsi fui la capitale pour vivre dans des territoires ruraux.
Selon lui, si en effet certaines familles ont bien quitté Paris, l'exode n'a pas été aussi massif que la presse a bien voulu le dire. De plus, ce départ hors de la capitale ne s'est nullement fait au profit de la campagne mais plutôt des agglomérations moyennes qui se situent le plus souvent dans des départements limitrophes de Paris.

[**L'exode urbain, un mythe médiatique ?**]

Les Parisiens ont quitté la capitale lors du confinement. Mais sur le long terme, aucun dépeuplement des villes ne se dessine. Globalement, les territoires déjà attractifs avant le Covid le sont restés, selon les premiers résultats d'une étude pluridisciplinaire.

5 Printemps 2020. Dans un pays confiné, les Français découvrent dans les médias des images de leurs villes désertées. Non seulement parce qu'il est interdit de sortir, mais aussi parce que beaucoup de citadins ont trouvé refuge à la campagne. Lorsque les restrictions s'allègent quelques semaines plus tard, tout le
10 monde ne revient pas. La presse suit ces cadres qui ont choisi de déménager loin des métropoles[1], choisissant le télétravail ou la reconversion vers la permaculture[2], l'artisanat, le tourisme.

---

1. Métropoles : villes principales d'un pays ou d'une région.

2. Permaculture : mode d'agriculture écologique tendant notamment à respecter la biodiversité et à renforcer l'écosystème naturel.

Les commentateurs y voient l'amorce d'une baisse massive de la population des villes au profit des communes rurales dont la qualité de vie serait largement supérieure. Il faut trouver un nom au phénomène : ce sera « l'exode urbain ». Comme un retour de flamme après le siècle d'exode rural qui avait vu les campagnes se vider au profit des villes, entre le milieu du XIXᵉ siècle et l'après-Seconde Guerre mondiale. Supposé aussi massif qu'inédit, l'actuel mouvement de fuite a entraîné beaucoup de questions : Quel avenir pour les campagnes tout à coup prises d'assaut ? Et que faire des espaces urbains soudain déconsidérés et peut-être promis à l'abandon ?

Extension de la périurbanisation[1]

En fait, le big bang[2] n'a pas eu lieu. Dans une étude intitulée « Exode urbain ? Petits flux, grands effets. Les mobilités résidentielles à l'ère (post-)Covid » qui livre ses premiers résultats, une équipe pluridisciplinaire l'affirme : « La pandémie de Covid-19 n'a pas bouleversé de fond en comble les structures territoriales françaises. » Pour l'affirmer, les chercheurs ont étudié les recherches immobilières effectuées sur les sites MeilleursAgents, SeLoger et Leboncoin, pour voir vers quelles destinations se projettent les Français. Ils ont aussi analysé les changements d'adresse déclarés par des particuliers à la Poste. Enfin, ils ont réalisé des études de terrain dans les Cévennes, les Pyrénées, ou encore les Vosges.

Résultat : la pandémie a bel et bien augmenté la mobilité, un peu. Le géographe Max Rousseau, qui a coordonné les enquêtes de terrain de l'étude, parle d'un « effet moisson », et explique que les nouvelles mobilités engrangées ces deux dernières années tiennent surtout au déclic qu'a pu représenter la pandémie auprès de personnes qui avaient déjà des projets en tête. En revanche, l'augmentation observée est bien loin de vider les villes : d'après

---

1. Périurbanisation : extension des espaces urbains à leurs périphéries entraînant la transformation des zones rurales.

2. Big Bang : grand changement.

les données de la Poste, les centres villes de l'agglomération parisienne perdaient déjà des habitants avant la pandémie, et la situation s'est très peu amplifiée depuis. De plus, ceux qui bougent vont rarement s'installer au cœur de la France rurale. Comme avant le Covid-19, les territoires les plus attractifs sont les espaces littoraux, les grandes métropoles et surtout les espaces péri-urbanisés qui les entourent. De jeunes actifs quittent Paris mais visent Marseille, des familles bordelaises s'éloignent de quelques dizaines de kilomètres du centre-ville, des préretraités gagnent la Bretagne en veillant à ne pas être trop loin d'une ville avec supermarché et établissements de santé. Quant aux campagnes qui gagnent des habitants, même lorsqu'elles sont éloignées des villes, bon nombre d'entre elles connaissaient déjà depuis plusieurs années une croissance lente mais certaine.

Alors pourquoi parler d'«exode urbain»? «Le terme a un mérite: il permet de voir tout de suite de quoi l'on parle, et d'inscrire dans le débat public ces questions liées à l'aménagement du territoire, explique la géographe Hélène Milet, directrice du programme Popsu Territoires, l'une des coordinatrices de l'étude. Mais y voir le miroir inversé de l'exode rural, c'est une vue de l'esprit. Il n'y a pas d'effet d'"essorage[1]" des villes au profit des territoires ruraux.» Des changements, il y en a quand même, mais ils sont discrets. L'étude pointe l'existence de «signaux faibles» à ne pas négliger. Il y a d'abord les effets du télétravail, testé et approuvé par de nombreux Français. Puisqu'ils n'ont plus à se déplacer tous les jours, certains décident de s'éloigner encore plus de leur lieu de travail et consentent à des trajets moins fréquents mais plus longs. «Cela débouche sur un phénomène de "méga-périurbanisation", autrement dit, une extension des espaces concernés par la périurbanisation, décrit le géographe Max Rousseau.» [...]

«L'exode urbain, ce n'est pas pour toute fuite»,
© liberation.fr, 20 février 2022 ■

---

1. Essorage: vidange.

> **3 questions** pour vous guider...
>
> **1.** Pour quelles raisons le journaliste estime-t-il qu'il est peut-être exagéré de parler d'exode urbain ?
> **2.** À quel propos le géographe Max Rousseau parle-t-il d'« effet moisson » (l. 38) ?
> **3.** Lignes 64-73 : en quoi consiste le phénomène de méga-périurbanisation ?

B Quelles nouvelles orientations pour Paris ?

« Paris ne s'est pas fait en un jour » : on connaît ce proverbe issu de la sagesse populaire qui rappelle que la capitale française a mis plusieurs siècles à se construire. C'est armés de cette même patience et conscients de ses insuffisances que Parisiennes et Parisiens doivent réfléchir à la place que pourrait désormais occuper leur ville dans un **espace de plus en plus mondialisé**. Si Paris veut demeurer une capitale tournée vers l'avenir, il faut lui appliquer plusieurs transformations correspondant à de nouvelles orientations.

Il importe, au préalable, de **renoncer à cette vision jacobine**, issue de la Révolution française, qui aboutit à centraliser tous les pouvoirs dans la capitale. À rebours de cette conception qui a fini par nuire à la province, le philosophe Gaspard Koenig DOC 25 • p. 89 renouvelle le **pari de la décentralisation** dont la vocation est de déléguer aux régions, aux départements et aux conseils municipaux des décisions pour l'avenir de ces mêmes collectivités. Paris ne doit plus avoir le dernier mot : il en va de l'égalité démocratique entre les territoires.

Il faut également **repenser la capitale au bénéfice de ses habitants**, afin qu'ils retrouvent du temps et échappent au rythme aussi monotone qu'épuisant du « Métro, boulot, dodo ».

C'est l'approche défendue par Carlos Moreno DOC 26 • p. 92, à travers le concept de la «ville du quart d'heure»: une ville où l'on accède, à moins de quinze minutes de chez soi, aux fonctions essentielles: travailler, se ravitailler, se soigner, pratiquer des loisirs.

Enfin, il faut y créer les conditions d'une **meilleure sociabilité entre les habitants**. Pour lutter contre la gentrification qui a chassé les classes populaires hors de Paris, les élus de la municipalité doivent renforcer les projets de construction et de rénovation favorisant la mixité sociale entrepris au début des années 2000, comme l'indique Eve Szeftel DOC 27 • p. 96. Il convient de poursuivre les chantiers ouverts.

DOC 25

GASPARD KOENIG
 «Pour en finir avec le jacobinisme»
(2021)

♪ Charlotte Julian,
Allez hop tout le monde à la campagne, **1973** 28

Dans une tribune du quotidien Les Échos, *le philosophe Gaspard Koenig (né en 1982) explique pourquoi il souhaite «en finir avec le jacobinisme». Ce concept, théorisé pendant la Révolution française, renvoyait alors à l'unité et l'indivisibilité de la République française. Aujourd'hui le terme désigne une doctrine qui vise à centraliser tous les pouvoirs à Paris.*
Parue en décembre 2021, en pleine pandémie, cette tribune revient sur la crise politique qui secoue alors les territoires d'outre-mer: des manifestants protestent contre certaines mesures de restriction sanitaire, comme le port constant du masque. Cette mesure paraît irréaliste aux Antilles accablées par la chaleur. Pour mettre fin au jacobinisme, Gaspard Koenig appelle à poursuivre une politique de décentralisation, en délégant davantage de pouvoirs et de moyens aux régions.

[**Mettre fin au jacobinisme : décentraliser le pouvoir**]

Face à la dégradation de la situation sécuritaire en Guadeloupe et en Martinique, le ministre des Outre-mer[1] a lâché le mot tabou : « autonomie ». En effet, comment des mesures sanitaires conçues à Paris pourraient-elles s'appliquer à des territoires aussi spécifiques ? Immédiatement, la classe politique unanime a réaffirmé le mythe fondateur de la « République une et indivisible[2] ». Les élus corses[3] n'ont pas été moins prompts à réclamer, pour leur île aussi, une plus large autonomie. Pourquoi les Antillais obtiendraient-ils par la violence ce qu'eux-mêmes demandent par les urnes ?

Il semble malvenu d'aborder le sujet sous l'angle de la décolonisation. Ce serait enfermer les Antilles et plus généralement les départements d'outre-mer dans une identité figée par un lointain rapport de domination, alors que leur population ne cesse de revendiquer son appartenance à la France : lors du dernier référendum[4], la Guyane et la Martinique ont rejeté à plus de 70 % un statut plus autonome de « communauté d'outre-mer » [...].

Si donc la question de l'autonomie fait sens pour les Antilles, c'est parce qu'elle se pose à toutes les collectivités françaises, y compris les plus métropolitaines d'entre elles. Plutôt que d'accorder tel ou tel statut spécifique à la Guadeloupe, la Martinique ou la Corse, il faudrait refonder l'ensemble de notre organisation territoriale et en finir avec le jacobinisme. Comme l'a souligné le nouveau président de l'Association des maires de France, David Lisnard[5], la situation actuelle n'est satisfaisante pour personne. D'un côté, l'État engagé depuis quarante ans dans un processus de décentralisation a transféré de nombreuses compétences aux collectivités locales. Mais de l'autre, ces mêmes collectivités voient

---

1. Le ministre des Outre-mer était alors Sébastien Lecornu (né en 1986).
2. Durant la Révolution française, la Convention nationale de 1792 abolit la royauté et proclame à la fois l'unité et l'indivisibilité de la République.
3. Depuis près de 50 ans, les élus nationalistes corses réclament l'autonomie de leur territoire.
4. En janvier 2010, la Guyane et les Antilles ont massivement rejeté par référendum l'autonomie de leurs territoires.
5. David Lisnard (né en 1969) : maire de Cannes depuis 2014.

leurs marges de décision constamment réduites. Elles se sentent perdues dans l'enchevêtrement d'une multitude d'échelons et d'interlocuteurs, corsetées[1] par des textes de plus en plus précis, et surtout dépendantes de l'État pour obtenir leurs budgets (via des systèmes opaques de dotations et de subventions). Autrement dit, l'État reste maître du jeu, définissant en dernier ressort les politiques à mettre en œuvre et les moyens de les financer. Une véritable autonomie reposerait à l'inverse sur une « subsidiarité ascendante[2] », concept qui remonte à Aristote[3] mais qui a été récemment remis au goût du jour par le chercheur en science politique Raul Magni-Berton. Le plus petit échelon territorial (la commune ou la communauté de communes) se verrait ainsi confier par défaut l'ensemble des compétences ; libre à lui de déléguer celles dont il ne souhaite pas à l'échelon supérieur. Tout en haut de la pyramide, l'État récupérerait logiquement ce qui est trop compliqué, trop coûteux, trop délicat. Tel est son rôle légitime : voiture-balai[4]. Ainsi les territoires pourraient-ils se différencier, enrichissant la nation de leur diversité. L'Alsace-Moselle pratique depuis un siècle un droit extrêmement spécifique[5], sans que le patriotisme de ses habitants soit en doute...

Bien entendu, l'autonomie implique la responsabilité. Responsabilité fiscale : les collectivités pourraient lever l'impôt sur les compétences dont elles souhaitent se doter (des mécanismes de péréquation[6] permettant de corriger les inégalités entre territoires). Et responsabilité démocratique : les référendums locaux devraient devenir la règle (alors qu'ils restent aujourd'hui soumis

---

1. Corsetées : réduites, contraintes.
2. Subsidiarité ascendante : un second rôle qui tend à devenir premier.
3. Aristote (384-322 av. J.-C.) : philosophe de l'Antiquité grecque.
4. Dans les courses automobiles, la voiture-balai a pour fonction de fermer la marche en s'occupant des véhicules en difficulté.
5. Annexés par l'Allemagne entre 1870 et 1918, les territoires de l'Alsace et de la Lorraine ne sont pas soumis à la loi de séparation de l'Église et de l'État de 1905. À ce titre, ces deux régions obéissent toujours au concordat de 1802 qui prévoit que l'État français y reconnaît, organise et salarie les ministres des cultes catholique, luthérien, réformé et israélite.
6. Péréquation : répartition.

au bon vouloir des exécutifs). [...] Quelle que soit la méthode retenue, la question de l'autonomie locale est aujourd'hui centrale pour moderniser l'État de droit. Et prendre enfin, après deux siècles de tâtonnements, le tournant girondin[1] !

«**Pour en finir avec le jacobinisme**», © lesechos.fr, 1er décembre 2021

3 questions pour vous guider...

1. Lignes 5-9 : quel est le mythe fondateur de la République française selon Gaspard Koenig ? Quelle conséquence ce mythe a-t-il sur les territoires ultramarins ?
2. Quelles sont les deux raisons majeures pour lesquelles Gaspard Koenig désire en finir avec le jacobinisme ?
3. Expliquez la formule finale : « prendre enfin, après deux siècles de tâtonnements, le tournant girondin ! » (l. 56-57). Appuyez-vous pour répondre sur la note de bas de page.

DOC **26**

AISLING NÍ CHÚLÁIN ET NAIRA DAVLASHYAN, ADAPTÉ EN FRANÇAIS PAR MARIE JAMET
« Qu'est-ce que la ville du "quart d'heure" et comment peut-elle changer nos vies ? » (2022)

🎵 Philippe Katerine, *Un après-midi à Paris*, 1994 — 29

Dans cet article publié sur le site d'informations Euronews, les deux journalistes reviennent sur l'un des concepts défendus par Anne Hidalgo lors de la campagne des municipales qu'elle remporta en 2020 : Paris comme ville du quart d'heure.

---

1. Durant la Révolution française, le groupe de députés dits les Girondins exigeaient une décentralisation de l'État aux régions contre les Jacobins, partisans, pour leur part, de la concentration des pouvoirs à Paris.

Dans le but d'améliorer le quotidien et le cadre de vie des Parisiennes et des Parisiens, la ville du quart d'heure proposerait par exemple des services de proximité plus nombreux, un environnement en adéquation avec les enjeux écologiques et une plus grande mixité sociale. Ce concept tendrait à réhumaniser la capitale et à l'ouvrir sur l'extérieur.

[Améliorer le cadre de vie des Parisiens]

[…] Lorsque le Covid-19 a frappé l'année dernière en 2020, il a entraîné avec lui la fermeture des écoles et des bureaux, vidé les transports publics et, dans certains cas, restreint les habitants à un périmètre étroit autour de leur maison.

5 Mais avec l'adage[1] « faire feu de tout bois » à l'esprit, ce sont précisément ces restrictions qui ont donné aux urbanistes l'occasion de repenser la façon dont nous pouvons réorganiser nos villes de manière plus écologique et durable.

C'est ainsi qu'est né le concept de la « ville du quart d'heure »,
10 qui stipule[2] que tous nos besoins fondamentaux devraient être satisfaits en moins de 15 minutes de marche ou de vélo de notre domicile.

L'idée, conçue à l'origine par Carlos Moreno, spécialiste des villes et professeur à l'université Paris 1 Panthéon-Sorbonne, n'est
15 pas née expressément[3] de la pandémie, mais celle-ci lui a donné un second souffle. […]

Qu'est-ce qu'une « ville du quart d'heure » ?

« *La ville du quart d'heure cherche à promouvoir une ville où les services de proximité viennent faciliter la vie des citoyens* », explique
20 le professeur Carlos Moreno interrogé par *Euronews Next*.

« *Nous voulons que, dans la ville, à l'endroit où nous habitons, on ait à se déplacer moins loin, que ça soit pour aller travailler, pour aller faire ses courses, pour se soigner, pour accéder à la culture ou pour se prélasser[4]* ».

---

1. Adage : proverbe, devise.
2. Stipule : précise, indique.
3. Expressément : directement.
4. Se prélasser : se détendre.

Au lieu d'avoir des villes avec des quartiers distincts pour vivre, socialiser et travailler, le concept de Moreno envisage le centre urbain comme une tapisserie de quartiers où ces trois fonctions coexistent.

Selon Carlos Moreno, l'évolution spectaculaire vers le travail à distance a démontré que la « ville du quart d'heure » est non seulement réalisable, mais qu'elle pourrait aussi contribuer à régénérer les quartiers urbains. [...]

Un bâtiment, des usages multiples

La création de nouveaux espaces est un autre élément clé de la « ville du quart d'heure ».

Selon le professeur Moreno, afin de fournir un maximum de services et d'activités au niveau local, nous devons ré-imaginer la manière dont nous pouvons utiliser au mieux les infrastructures existantes.

« *On a vu qu'à Paris, les taux d'utilisation d'un bâtiment se situent entre 30 et 40 %. Cela signifie que entre 60 et 70 % du temps, le bâtiment va être quasiment vide* », a-t-il déclaré.

« *Et pourtant, il est là dans de très bonnes conditions. Donc, on veut davantage utiliser un bâtiment, faire en sorte qu'il accueille d'autres activités que celles pour lesquelles il a été au départ conçu. On appelle ça la chronotopie, un lieu avec plusieurs usages et chaque usage des nouveaux possibles* ».

Dans le concept de Carlos Moreno, les bâtiments désaffectés[1] pourraient être transformés en espaces de co-working. Les écoles pourraient être ouvertes le week-end pour des activités culturelles. Une salle de sport de jour pourrait être transformée en discothèque de nuit. Les cafés pourraient accueillir des cours de langues le soir et les bâtiments publics pourraient accueillir des concerts le week-end.

---

1. Désaffectés : non utilisés.

La «ville du quart d'heure» va-t-elle exacerber les disparités urbaines?

Si le concept de «ville du quart d'heure» gagne en popularité dans le monde entier, l'idée de quartiers hyper-locaux accessibles ne fait pas l'unanimité.

Les critiques suggèrent qu'elle pourrait conduire à une sorte de tribalisme[1] et exacerber les disparités[2] urbaines existantes entre les quartiers. […]

En réponse à cela, Carlos Moreno souligne que, dans des villes comme Paris, l'inégalité entre ceux qui vivent en banlieues et les communautés plus riches qui peuplent le centre urbain est déjà une réalité.

Le fait que les bureaux, les activités sociales et les espaces culturels soient fortement centralisés autour d'un noyau urbain favorise fortement les communautés plus riches qui peuvent se permettre de payer les loyers élevés d'un centre-ville, affirme-t-il: «*Aujourd'hui, les villes sont très inégalitaires. Aujourd'hui, les villes sont très fragmentées, très segmentées[3]*».

M. Moreno estime qu'au contraire la «ville du quart d'heure» peut réellement favoriser la cohésion sociale dans les villes.

«*La ville du quart d'heure réduira les inégalités car nous voulons que le territoire devienne polycentrique[4]. Nous voulons améliorer la qualité de vie dans les quartiers défavorisés en mettant en place des lieux de co-working, en créant des espaces verts, des parcs, en installant des entreprises, des activités culturelles, des activités sportives et des pistes cyclables de qualité.*»

Une ville polycentrique, selon Carlos Moreno, est une ville où chaque personne peut aller où elle veut mais n'a pas besoin de faire une heure de trajet pour satisfaire un besoin comme c'est le cas actuellement. […]

«Qu'est-ce que la ville du "quart d'heure" et comment peut-elle changer nos vies?», © euronews.com, 27 janvier 2022, DR ■

---

1. Tribalisme: organisation de la société par tribus distinctes.
2. Disparités: différences, écarts.
3. Segmentées: compartimentées.
4. Polycentrique: qui possède plusieurs centres.

3 questions pour vous guider...

1. Relevez la définition que Carlos Moreno donne de Paris, « ville du quart d'heure ».
2. À combien se monte à Paris le taux d'usage d'un bâtiment ? Quelle solution Carlos Moreno propose-t-il pour utiliser au mieux les infrastructures existantes ?
3. Lignes 75-84 : en quoi consiste le « polycentrisme » défendu par Carlos Moreno ?

DOC **27**

Eve Szeftel
« À Paris, la mixité sociale est forte et se maintient » (2023)

🎵 **NTM, *Paris sous les bombes*, 1995**

Dans cet article du quotidien Libération, la journaliste Eve Szeftel évoque une étude récente sur la mixité sociale qui, à sa parution au début de 2023, fit grand bruit. Contrairement à une idée reçue, Paris est loin d'être un territoire marqué par de grandes inégalités sociales.
Si, à l'évidence, elles existent, elles auraient plutôt tendance à se réduire, notamment avec l'apparition de nouveaux quartiers marqués par un plus grand brassage social. En ce sens, l'action engagée par exemple par le plan de rénovation du « Grand Paris » favoriserait l'émergence d'une nouvelle mixité sociale.

[Corriger les inégalités territoriales]

Une étude bat en brèche[1] les idées reçues sur Paris : 48 % des habitants vivent dans un quartier mixte, mêlant des revenus faibles, intermédiaires et élevés, et 21 % dans un quartier ségrégué[2].

---

1. Bat en brèche : dément.
2. Ségrégué : séparé socialement des autres.

Paris, une ville de bobos[1] ? Une métropole riche, cernée de communes pauvres ? La construction de logements sociaux contribue à la ghettoïsation ? À l'heure où la mairie de Paris est une nouvelle fois sous le feu des critiques après la révélation que la capitale a perdu 123 000 habitants en dix ans[2], une étude de l'Insee Île-de-France et de l'Atelier parisien d'urbanisme (Apur) vient battre en brèche un certain nombre d'idées reçues, qui imprègnent si bien les représentations et les discours qu'on finit par les croire vraies. Voici les cinq enseignements de ce rapport intitulé « Mixité sociale et ségrégation dans la métropole du Grand Paris : état des lieux et tendances sur quinze ans », de 2004 à 2019.

1. Paris est une ville très ségréguée : faux

Dans la Métropole du Grand Paris (MGP), 37 % de la population (soit 2,6 millions de personnes) réside dans un quartier considéré comme mixte, et 21 % (1,4 million) dans un quartier ségrégué, qu'il soit riche ou pauvre. Et, parmi les 131 communes de la MGP, *« c'est à Paris que la part des habitants vivant dans les quartiers les plus mixtes est la plus importante en comparaison des onze établissements publics territoriaux (EPT) : près de la moitié (48 %) des Parisiens résident dans un quartier considéré comme mixte »*, écrit l'étude. Une mixité surtout portée par les arrondissements de l'est parisien (les 9e, 11e, 12e, 13e, 18e, 19e et 20e arrondissements).

2. Le Grand Paris est le territoire où les écarts de revenus sont les plus grands : vrai

Du point de vue des revenus, la MGP est la plus ségréguée des 22 métropoles françaises, avec un écart d'un à cinq entre les 10 % des ménages les plus modestes (revenu mensuel inférieur à 900 euros) et les 10 % les plus aisés (revenu supérieur à 4 500 euros). Mais si, au lieu d'étudier les écarts de revenus *« entre les quartiers comme on le fait d'habitude, on analyse la répartition*

---

1. Bobos : abréviation de « bourgeois bohèmes », l'appellation péjorative « bobos » renvoie plus généralement à la classe aisée de la bourgeoisie française.
2. Voir doc 21.

territoriale de ces revenus» explique Émilie Moreau, directrice d'étude à l'Apur, alors la mégapole parisienne n'est plus que le *« cinquième pôle le plus ségrégué »* de France, derrière les métropoles de Rouen, Lille, Tours et Marseille-Aix.

3. L'est parisien est plus pauvre que l'ouest : vrai

L'étude conforte la division territoriale : les quartiers les plus pauvres se trouvent à l'est, les plus riches à l'ouest. Sans surprise, c'est en Seine-Saint-Denis, au sein des agglomérations Plaine Commune et Paris Terres d'Envol, que se concentrent les ménages à faibles revenus, notamment à La Courneuve, Aubervilliers, Stains, Pierrefitte-sur-Seine et Sevran. Là, *« le parc locatif social[1] est prédominant et la proportion de familles monoparentales[2] y est plus élevée qu'ailleurs »*. S'y ajoutent Bobigny et Clichy-sous-Bois, la ville dont l'actuel ministre du Logement, Olivier Klein, a longtemps été maire. Les catégories sociales privilégiées, elles, ont élu domicile dans l'EPT Paris Ouest La Défense, en particulier à Vaucresson et Neuilly-sur-Seine, *« où plus de la moitié des ménages sont propriétaires de leur logement »*. Ailleurs, elles se concentrent à Paris (6e, 7e et 16e arrondissements, nord du 8e, sud-ouest du 9e), autour du parc de Sceaux, à Meudon, Sèvres et Marnes-la-Coquette, ou encore aux abords du bois de Vincennes et le long de la Marne.

4. Le logement social accroît la ghettoïsation : vrai et faux

Tout est une question d'équilibre. Un excès de logements sociaux favorise la ségrégation, mais un déficit aussi. *« Il ressort de l'étude que le parc de logements est l'une des variables les plus importantes pour la mixité »*, relève le sociologue Clément Boisseuil, de l'Apur. *« On a analysé la structure du parc dans les quartiers les plus mixtes et elle est équilibrée »*, confirme Émilie Moreau. Ainsi, dans les quartiers les plus mixtes du Grand Paris, 25 % des ménages

---

1. Il s'agit ici de HLM, à savoir d'habitations à loyers modérés attribuées par critères sociaux.

2. La cellule familiale se compose d'enfants qui n'ont qu'un seul parent dans leur foyer.

résident dans le parc social, 36 % dans le parc locatif privé et 39 % sont propriétaires occupants. « *À l'inverse, à peine plus de 1 % des ménages des quartiers ségrégués aisés sont locataires du parc social, tandis que 71 % le sont dans les quartiers ségrégués modestes.* » […]

5. La gentrification fait reculer la mixité sociale : faux

Avec un recul de 1,3 point de 2004 à 2019, la mixité sociale résidentielle est quasi stable dans le Grand Paris. À une échelle plus fine, on note une évolution contrastée : elle recule dans certains quartiers sous l'effet de « l'embourgeoisement », comme à Issy-les-Moulineaux, Boulogne-Billancourt ou Levallois-Perret, où les prix de la pierre[1] augmentent, ou, à l'inverse, sous l'effet de la « paupérisation[2] » (Sevran, Blanc-Mesnil, Drancy). En revanche, la gentrification (arrivée de ménages plus aisés ou départ de ménages modestes) créé de la mixité. C'est le cas dans le périmètre de Plaine Commune (Aubervilliers, Saint-Denis, Saint-Ouen, etc.) même si elle part de bas (seule 14 % de la population de l'agglomération vit dans un quartier mixte). En réalité, relève Clément Boisseuil, « *la gentrification est un phénomène assez isolé, qui ne concerne que certains quartiers, dans Paris et dans les communes limitrophes de Paris* », comme Malakoff, le Pré-Saint-Gervais, les Lilas ou le Kremlin-Bicêtre, où 83 % de la population vit dans un quartier brassé[3].

Et à l'avenir ? Le Grand Paris va être transformé par la mise en service progressive du Grand Paris Express, qui a déjà commencé avec les prolongements des lignes 12 et 14, les aménagements en vue des Jeux olympiques de 2024, et l'ensemble des projets urbains engagés dans la métropole, par exemple les « quartiers de gare » qui sortent de terre autour des stations du GPE. […]

« À Paris, la mixité sociale est forte et se maintient »,
© libération.fr, 16 février 2023

---

1. La pierre : l'immobilier.
2. Paupérisation : appauvrissement.
3. Brassé : mélangé socialement.

> **3 questions** pour vous guider...
>
> **1.** Relevez les deux éléments qui permettent d'affirmer que Paris n'est pas une «ville très ségréguée» (l. 16).
> **2.** Lignes 39-55 : quels sont les quartiers de Paris les plus pauvres? Pour quelle raison?
> **3.** Quelles sont les deux raisons principales pour lesquelles la gentrification n'a finalement pas fait reculer la mixité sociale?

C Des chantiers prometteurs ?

Pour finir, il convient d'évoquer les deux futurs chantiers majeurs qui s'ouvrent dans Paris visant à relever les défis du XXIe siècle : le Grand Paris et les Jeux olympiques de 2024.

Qualifié de **projet le plus ambitieux du siècle,** le chantier du «Grand Paris» DOC 28 • p. 101 a pour vocation de changer la vie des Parisiens mais aussi de redessiner à terme la place de la capitale dans le tissu urbain de la France. Si le but est de retrouver une **ville plus humaine,** le projet du «Grand Paris» consiste aussi et surtout à créer dans la capitale, des **opportunités en termes d'emplois** pour la région parisienne mais aussi pour le reste de la France. Un Grand Paris qui ambitionne de se situer à l'opposé du Paris centré sur lui-même réalisé par le baron Haussmann.

À ce premier chantier en correspond un second dont il dépend étroitement : l'organisation des **Jeux olympiques d'été** de juillet et août 2024 à Paris même DOC 29 • p. 106 . Ces Jeux olympiques possèdent un double enjeu : le premier est de favoriser le **tourisme de masse** dans la capitale. Le second enjeu est de **repositionner la capitale française sur la scène internationale** en démontrant la capacité d'organisation par le pays, d'un événement sportif d'ampleur.

Si rien n'est encore assuré quant aux retombées financières et géopolitiques de ces chantiers, ces deux projets permettent néanmoins d'affirmer, comme le suggère Jean-Christophe Bailly

DOC 30 • p. 107 , que Paris est encore **capable de relever des défis**. Si, selon Bailly, la ville peut pâtir de la médiocrité de certaines réalisations architecturales que le Grand Paris va peut-être occasionner ou si les Jeux olympiques risquent de causer des problèmes organisationnels et budgétaires, il n'en demeure pas moins qu'ils suscitent l'espoir de faire enfin de Paris « une **ville ouverte** » aux autres, aux échanges et aux changements.

DOC 28

FRÉDÉRIC CHOULET ET JEAN-GABRIEL BONTINCK
« Tout ce que le Grand Paris va changer pour vous » (2018)

♪ Médine, *Grand Paris*, 2017 31

En 2018, les deux journalistes exposent, pour le quotidien Le Parisien, *les grands axes et les chantiers prioritaires du projet du « Grand Paris ». Désigné comme le chantier du siècle, le « Grand Paris » redéfinit l'organisation économique et sociale de Paris au sein de la Région Île-de-France.*
Paris se place désormais au cœur de la dynamique d'un territoire élargi amené à accueillir une plus grande mixité sociale. De nombreux moyens de transports, des opportunités d'emplois, de nouveaux lieux culturels et une politique des espaces verts sont les atouts du futur Grand Paris.

[**Le Grand Paris**]

    Qu'est-ce que le Grand Paris ? Un territoire, une entité[1] administrative, un concept ? Alors que le sort de la métropole reste suspendu aux arbitrages[2] du président de la République, une question reste posée : comment ce futur territoire qui s'esquisse déjà
5 va-t-il changer le quotidien des Grands Parisiens ?

---

1. Entité : élément.   **2. Arbitrages :** décisions finales.

TRANSPORTS. Le « chantier du siècle »

Imaginez traverser l'Île-de-France dans un métro automatique, avec des pointes à 120 km/h, sans passer par Paris. Aller de Boulogne à Champs-sur-Marne[1] en trente-sept minutes contre une heure actuellement, d'Issy à Cachan en neuf minutes au lieu de quarante-six, de Villejuif à Champigny en dix-huit minutes au lieu de soixante-sept ! Ce sera possible à partir de 2024, grâce au Grand Paris Express. Ce supermétro de banlieue à banlieue fera partie du quotidien des Franciliens de 2030-2040. [...]

Ce projet de transports représente la colonne vertébrale du futur Grand Paris. Il en est aussi le symbole. L'ambition, en réduisant les temps de déplacement en banlieue, est de désaturer[2] les axes de transports radiaux[3] (métro et RER) qui passent par Paris. Avec ce supermétro en rocade[4], ce sont aussi 68 nouvelles gares, et autant de quartiers nouveaux qui vont émerger en proche banlieue. Plus de quarante ans après les RER et les villes nouvelles, ce sera à nouveau un moyen de transport qui redessinera la région capitale, en contribuant à reconstruire la ville sur la ville, dans une zone dense à l'intérieur de l'A86.

Au-delà du métro, de nouveaux modes de déplacement émergent. « Le Grand Paris Express sera obsolète au moment de sa livraison », prédit même Jean-Louis Missika, adjoint à la maire de Paris en charge de l'urbanisme, un brin provocateur. L'élu croit au développement des véhicules autonomes, des mobilités douces et partagées[5]. L'essor des vélos, scooters et voitures en libre-service permet déjà de se déplacer, tout en réduisant le nombre de véhicules en circulation. Des navettes autonomes sont testées à La Défense et à Vincennes. Les SeaBubbles, ces taxis volants sur

---

1. Aller de Boulogne à Champs-sur-Marne revient à traverser la capitale d'ouest en est.
2. Désaturer : désengorger.
3. Transports radiaux : en lignes directes.
4. En rocade : voie de circulation contournant une agglomération.
5. Les mobilités douces et partagées désignent des moyens de transports légèrement ou pas motorisés comme les trottinettes électriques ou les vélos mis à disposition sur des bornes de partage.

l'eau, seront, eux, expérimentés cette année sur la Seine. Et la «micromobilité» (trottinettes électriques, monoroues...) séduit de plus en plus les jeunes urbains pour leurs petits déplacements.

ÉCONOMIE. Des dizaines de milliers d'emplois

Le Grand Paris de l'emploi passe aussi par le supermétro. Le chantier tout d'abord. Actuellement, plus de 2 000 personnes participent déjà aux travaux en cours sur la ligne 15 Sud (Pont de Sèvres – Noisy-Champs). À partir de l'année prochaine, près de 15 000 emplois seront mobilisés chaque année sur la construction des lignes et des gares. Du jamais vu. Et les retombées du métro circulaire ne s'arrêteront pas là. «Dans le sillage des travaux du Grand Paris Express, c'est toute une dynamique économique qui s'enclenche», expliquait récemment Philippe Yvin, président de la Société du Grand Paris (SGP). Avec plus de 200 000 m² de commerces et d'activités d'ores et déjà prévus autour des 33 premières gares, là encore ce sont des dizaines de milliers d'emplois attendus.

En plus du BTP[1], de la transition énergétique et du commerce, le Grand Paris devrait générer des emplois dans le domaine des services à la personne[2]. On estime qu'un Francilien[3] sur cinq aura plus de 65 ans en 2040. Et que le nombre des plus de 85 ans va plus que doubler d'ici là. Une évolution qui entraînera de nouveaux besoins.

Le Grand Paris, c'est la fin du métro-boulot-dodo. L'émergence de la smart city[4], les connexions tous azimuts, y compris dans les gares et transports, ainsi que le développement du coworking...

---

1. BTP: banque du bâtiment et des travaux publics qui décide du financement et de l'organisation des grands chantiers de construction.
2. Emplois exercés à domicile qui facilitent la vie des familles en prenant en charge les tâches du quotidien.
3. Francilien: résident en Île-de-France.
4. La «smart city» dite aussi «ville intelligente» désigne un concept de développement urbain qui tend à améliorer la qualité de vie des citadins à l'aide des technologies numériques.

Dans quelques années on pourra travailler partout ou presque. [...]

Mais attention, ne vous attendez pas à voir disparaître les immeubles de bureaux. La demande reste forte. Des immeubles ultra-connectés, les smart buildings, faisant la part belle aux espaces collaboratifs, pousseront sur les friches industrielles de la proche banlieue...

URBANISME. Les quartiers de gare aménagés

En 2030, l'Île-de-France devrait compter 12,8 millions d'habitants, soit 672 000 de plus qu'en 2017 (+ 5,5 %), avec un poids prépondérant de la partie centrale (7 millions d'habitants aujourd'hui dans le périmètre de la métropole). Une population qu'il faudra loger.

Les facilités de déplacement accrues vont modifier considérablement la localisation de l'habitat et de l'emploi. Les projets qui se font déjà jour autour des futures gares de cette rocade ferroviaire donnent une idée de l'ampleur du phénomène. L'observatoire des 68 quartiers de gare souligne dans sa dernière note de synthèse publiée en janvier que 25 % de la surface totale disponible (3 300 ha), « font déjà l'objet de projets d'aménagements ». Des projets qui auront, et ont déjà, un impact sur le prix au mètre carré autour de ces gares. [...]

Les résultats des différents concours d'architecture initiés par la Ville de Paris, la SGP et la Métropole du Grand Paris illustrent cette volonté de créer une nouvelle forme d'urbanisme faite de mixité et d'écologie. On ne compte plus les immeubles à énergie positive, les façades et toitures végétalisées, les espaces ouverts sur la vie de quartier, permettant aux activités économiques et de loisirs de se côtoyer. Autant d'éléments qui modifieront le paysage des villes.

ENVIRONNEMENT. Plus de vélos, moins de voitures

Et si on respirait mieux dans le Grand Paris de demain ? Déplacements, habitat, activités... Ce désir de faire reculer la pollution semble présent dans tous les secteurs qui préparent l'avenir des Grands Parisiens. Car le bien-être des habitants et leur santé représentent la condition clé d'une agglomération attractive où il fait bon vivre.

Les véhicules diesel mais aussi essence, l'une des principales sources de pollution, céderont peu à peu la place aux véhicules électriques. Les kilomètres de pistes cyclables sécurisées devraient aussi se multiplier. Une évolution qui devrait permettre de créer des mobilités apaisées[1] dans une ville plus verte et entre les différents secteurs du Grand Paris. En attendant le jour où le rêve d'Anne Hidalgo se réalisera : un périphérique libéré des voitures. [...]

Enfin, les champs d'éoliennes et de panneaux photovoltaïques fleuriront dans le paysage francilien. À l'image de celui de Meaux, en Seine-et-Marne, ferme solaire de dix hectares inscrite parmi les 77 lauréats de l'appel d'offres lancé par la Commission de régulation de l'énergie (CRE) qui devrait voir le jour d'ici 2020.

LOISIRS. Des lieux multiculturels

La dimension culturelle du Grand Paris, même si elle paraît a priori la plus difficile à cerner, est pourtant, après les transports, la forme la plus en marche du processus. Il s'agit également de gommer les frontières, de créer des ponts entre Paris et banlieue, entre ville et campagne... Et quoi de mieux que la culture pour parvenir à ce résultat.

[...] De la réflexion portée par les ateliers Médicis de Clichy-Montfermeil aux recycleries qui naissent un peu partout sur le territoire, en passant par les guinguettes[2] des bords de Marne ou les bars, restos ou salles de concert éphémères... Le Grand Paris culturel vit, bouge, s'active avec un dénominateur commun : le partage.

---

1. Apaisées : moins bruyantes.

2. Guinguettes : cabarets populaires de la Belle Époque souvent situés aux bords des fleuves.

Des lieux multiculturels de plus grande envergure apparaissent aussi, comme la prestigieuse Seine musicale de l'île Seguin (Hauts-de-Seine) qui réunit musique classique et DJ, jazz et rap, mélangeant les publics et les événements musicaux, sociétaux, politiques. [...] L'image de Paris, Ville Lumière un peu figée, se muera en celle d'un Grand Paris de la culture foisonnant et accessible à tous.

« Tout ce que le Grand Paris va changer pour vous »,
© leparisien.fr, 13 février 2018 ■

3 questions pour vous guider...

1. Relevez trois caractéristiques essentielles qui font du Grand Paris « le chantier du siècle » (l. 6).
2. Lignes 57-66 : pour quelles raisons « le Grand Paris, c'est la fin du métro-boulot-dodo » ?
3. Lignes 123-129 : en quoi le Grand Paris permettra-t-il de modifier « l'image de Paris, Ville Lumière un peu figée » ?

DOC **29**

FLORIAN HULLEU

 Visuel du projet de la cérémonie d'ouverture des Jeux olympiques Paris 2024 sur la Seine (2024)

♪ Woodkid, *Prologue for the Paris 2024 Olympic Games*, 2021

[Les Jeux olympiques 2024]

Du 26 juillet au 11 août 2024 se tiendront à Paris les 33ᵉ Jeux olympiques de l'histoire. À l'issue d'une âpre compétition entre différentes capitales, c'est finalement Paris qui a remporté le vote du comité olympique grâce à son projet centré sur la valorisation du patrimoine architectural et sur l'aménagement de structures sportives déjà existantes. Cette démarche originale sera dévoilée dès la cérémonie d'ouverture. CAHIER PHOTOS • P. VIII

> ### 3 questions pour vous guider...
> 1. Décrivez les différentes composantes de l'image.
> 2. Où se déroule précisément cette cérémonie d'ouverture ?
> 3. Comment est valorisé le patrimoine culturel parisien ?

DOC 30

JEAN-CHRISTOPHE BAILLY
Paris quand même (2022)

🎵 Jay-Z & Kanye West, *Ni**as in Paris*, 2012

Dans son essai Paris quand même, l'écrivain Jean-Christophe Bailly (né en 1949) déclare son amour pour la capitale française. Après avoir dressé l'histoire des destructions et reconstructions architecturales des années 1960 à 1990 qui ont poussé les classes populaires hors de Paris, Bailly déplore la métamorphose urbaine du « Grand Paris » qui ne profiterait qu'aux classes aisées. Mais tout n'est pas perdu et l'auteur se prend à rêver d'une « ville ouverte » à une nouvelle modernité architecturale. Une ville où l'environnement serait continuellement « en chantier », et se tiendrait à distance des concours d'architecture d'envergure internationale.

[Paris, ville du XXIe siècle]

Le concept de ville ouverte[1] a d'abord eu, on le sait, une signification précise liée à la guerre, mais je crois qu'on peut l'étendre au-delà, pour donner forme à travers lui à l'idée d'une ville allant à la rencontre de ce qui l'entoure, y cherchant, au lieu de s'en protéger,
5 les ferments[2] de son propre développement et de sa propre invention. Les époques ne se sauvent que par un rêve ou une projection

---

1. En temps de guerre, « ville ouverte » signifie une ville déclarée rendue sans combat afin d'épargner les habitants et le patrimoine de l'agglomération.
2. Ferments : stimulants de la croissance.

qui les envoie au-delà de leurs limites. Certains peuvent bien rêver de faire de Paris une ville olympique ou une variante chic et patrimoniale de cette utopie sans pensée qu'est la smart city, mais il y aurait davantage de consistance à vouloir quelque chose de plus ambitieux qu'un mixte de trophées, de parures et de performances. Un grand chantier, oui, mais fait de l'activité presque imperceptible de mille et un chantiers allant de l'immeuble et du petit délaissé d'angle jusqu'au grand parc en passant par quantités de rues retrouvées ou réinventées, de places refaites et de vues dégagées, par des chicanes[1] et des accords, des terrasses et des bassins, le jeu du «végétal irrégulier» réintroduit non pas en catimini[2] mais pour de vrai, avec des accents de friche revisitée, de forêt latente[3] et de jardins ouvriers repensés. Avec entre eux, parmi eux, des activités revenues, extraites de leurs «zones d'activité» pour reformer des ateliers, avec des trouvailles liées au réemploi des matériaux ou des formes, avec des appels d'air et des condensations, et tout cela dans l'idée, non d'un phalanstère[4] monumental, mais d'une dissémination[5] heureuse à l'issue de laquelle on pourrait dire qu'enfin les noces de Paris et de la modernité architecturale ont eu lieu, tout autrement que dans le sens d'une refonte destructrice ou d'un concours international de bâtiments-symboles.

Paris quand même, © Éditions La Fabrique, 2022

3 questions pour vous guider...

1. En quoi consiste le concept de «ville ouverte» (l. 1) ?
2. Lignes 7-12 : quelle critique Bailly adresse-t-il à un Paris qui se réduirait à l'organisation des Jeux olympiques ?
3. En quoi l'image de Paris repensée comme «une dissémination heureuse» (l. 24) est-elle positive ?

---

1. Chicanes : disputes, désaccords.
2. En catimini : discrètement.
3. Forêt latente : forêt plantée en bordure d'agglomération afin d'assainir l'air.
4. Phalanstère : groupe de personnes vivant en communauté.
5. Dissémination : éparpillement naturel.

Chapitre 3 – Paris face aux défis du XXIᵉ siècle

Dans «Un Automne à Paris», Louane nous invite, après les attentats de 2015, à réapprendre à vivre ensemble à Paris P. 77 ♪ 24. De nombreuses autres chansons suggèrent que si Paris est parfois détestable, ses défauts peuvent être atténués, ou corrigés.

A. Paris quand même

♪ 25 Yves Simon, *Les Fantômes de Paris*, 1977

Le poète et chanteur Yves Simon adresse en 1977, dans les «Les Fantômes de Paris», un hommage hypnotique à Paris dont il célèbre le patrimoine culturel hanté par la présence de fantômes poétiques comme Rimbaud ou Verlaine.

♪ 26 Étienne Daho & Astrud Gilberto, *Sur les bords de Seine*, 1996

En 1996, Étienne Daho signe un duo électro, avec la célèbre chanteuse brésilienne, Astrud Gilberto, qui suggère le plaisir tiré des flâneries en bord de Seine.

♪ 27 Benjamin Biolay, *Revoir Paris*, 2015

Benjamin Biolay propose en 2015 une série de reprises de Charles Trenet dont «Revoir Paris» qui évoque la joie de redécouvrir la capitale après une longue absence.

B. Quelles nouvelles orientations pour Paris ?

♪ 28 Charlotte Julian, *Allez hop tout le monde à la campagne*, 1973

En 1973, après son tube «Fleur de province», Charlotte Julian renoue avec le succès en chantant la joie de retourner en province et de redécouvrir la campagne.

PLAYLIST N° 3

🎵 **29 Philippe Katerine, *Un après-midi à Paris*, 1994**

En 1994, le chanteur et acteur Philippe Katerine fait interpréter à Anne, sa compagne d'alors, une chanson qui vante la douceur de vivre de Paris.

🎵 **30 NTM, *Paris sous les bombes*, 1995**

En 1995, le duo Suprême NTM signe un des albums majeurs du rap français, *Paris sous les bombes*. Ce titre phare, interprété par Kool Shen et Joey Starr, décrit la manière dont les jeunes de banlieue prenaient symboliquement possession des murs de la capitale la nuit en les taguant à la bombe.

C. Des chantiers prometteurs ?

🎵 **31 Médine, *Grand Paris*, 2017**

En 2017, alors qu'est annoncé le projet du Grand Paris, Médine s'empare du sujet : Paris sera grande à condition que la capitale soit inclusive et multiculturelle.

🎵 **32 Woodkid, *Prologue for the Paris 2024 Olympic Games*, 2021**

Woodkid a mis son talent de compositeur pop électronique au service de la cérémonie d'ouverture des Jeux olympiques de Paris placée sous le signe de la modernité.

🎵 **33 Jay-Z & Kanye West, *Ni**as in Paris*, 2012**

En 2012, les deux superstars du rap américain unissent leurs talents sur une rythmique électro-hypnotique pour dire à quel point Paris permet de se sentir « dans sa zone ».

ANNEXES

Sujets **guidés**
Fiches **méthode**

4 sujets blancs guidés

1 Paris, capitale de la centralisation des pouvoirs ?

■ **Première partie :** Synthèse (/40 points)

Vous rédigerez une synthèse concise, objective et ordonnée des documents suivants.

Document 1 • Michel Pinçon et Monique Pinçon-Charlot, *Sociologie de Paris* (p. 14)
Document 4 • Honoré de Balzac, *Le Père Goriot* (p. 20)
Document 7 • Christophe Charle, *Paris, « capitales » des XIXᵉ siècles* (p. 28)
Document 25 • Gaspard Koenig, « Pour en finir avec le jacobinisme » (p. 89)

> **Les conseils pour réussir**
>
> **a.** Lisez les textes de Michel Pinçon et Monique Pinçon-Charlot, de Balzac et de Christophe Charle, afin d'identifier dans chaque texte quel est le pouvoir centralisé évoqué.
> **b.** Mettez en évidence, dans le texte de Michel Pinçon et Monique Pinçon-Charlot ainsi que dans celui de Christophe Charle, la manière dont la centralisation politique et culturelle s'accompagne d'une centralisation géographique.
> **c.** Identifiez, dans la tribune de Gaspard Koenig, les raisons pour lesquelles doit se mettre en place une politique de décentralisation.

■ **Seconde partie :** Écriture personnelle (/20 points)

Pensez-vous que la centralisation des pouvoirs dans la capitale doit être limitée ?

Vous répondrez à cette question d'une façon argumentée en vous appuyant sur des documents du corpus, vos lectures de l'année et vos connaissances personnelles.

> **Les conseils pour réussir**
>
> **a.** Relisez attentivement le chapitre 1 afin de saisir comment s'est progressivement mis en place au fil des siècles une centralisation des pouvoirs.
> **b.** Consacrez un temps de votre réflexion aux politiques de décentralisation en vous appuyant sur le chapitre 3.

SUJET 2 La province déconsidérée ?

■ Première partie : Synthèse (/40 points)

Vous rédigerez une synthèse concise, objective et ordonnée des documents suivants.

Document 16 • HONORÉ DE BALZAC, *La Muse du département* (p. 58)
Document iconographique 17 • VALENTINA CAMU ET HANS LUCAS, Désordre sur les Champs-Élysées lors d'une manifestation des Gilets jaunes (p. 60)
Document 18 • FRÉDÉRIC MOUCHON, « En province, certains ont le sentiment de ne compter pour rien » (p. 61)
Document 24 • THIBAULT SARDIER, « L'exode urbain, ce n'est pas pour toute fuite » (p. 85)

> **Les conseils pour réussir**
>
> **a.** Identifiez, dans le texte de Balzac, les raisons pour lesquelles la province se sent dévalorisée par rapport à la capitale.
> **b.** Confrontez le document iconographique sur les Gilets jaunes avec l'article de Frédéric Mouchon, à propos du sentiment de relégation de la province.
> **c.** Mettez en évidence dans l'article de Thibault Sardier la manière dont Paris répond aux inquiétudes de la province.

■ Seconde partie : Écriture personnelle (/20 points)

La dévalorisation de la province par rapport à Paris est-elle irréversible ?

Vous répondrez à cette question d'une façon argumentée en vous appuyant sur des documents du corpus, vos lectures de l'année et vos connaissances personnelles.

> **Les conseils pour réussir**
>
> **a.** Relisez le chapitre 2 pour mesurer les aspects négatifs de l'hégémonie de Paris sur la province.
> **b.** Appuyez-vous sur l'article de Frédéric Mouchon pour identifier les raisons objectives des inégalités territoriales entre la capitale et la province.
> **c.** Relisez le chapitre 3 afin de dégager des pistes de réflexion sur la revalorisation de la province au regard de Paris.

4 sujets blancs guidés

③ Paris, une impossible mixité sociale ?

■ **Première partie** : Synthèse (/40 points)

Vous rédigerez une synthèse concise, objective et ordonnée des documents suivants.

Document 5 • Laurent Fléchaire, « Les comptes d'Haussmann » (p. 23)
Document iconographique 14 • Romain Quirot, *Apaches* (p. 52)
Document 15 • Catherine Calvet, « Habiter Paris est un signe clair de domination sociale » (p. 53)
Document 23 • Éric Hazan, *Le Tumulte de Paris* (p. 82)

> Les conseils pour réussir
>
> **a.** Mettez en évidence, dans l'article de Laurent Fléchaire, les raisons pour lesquelles Haussmann a tant investi dans la modernisation de Paris.
> **b.** Lisez attentivement le texte de Catherine Calvet afin de mettre en évidence les facteurs de domination sociale dans Paris.
> **c.** Confrontez le document iconographique de Romain Quirot et les propos d'Éric Hazan.

■ **Seconde partie** : Écriture personnelle (/20 points)

Pensez-vous que la mixité sociale soit impossible à Paris ?

Vous répondrez à cette question d'une façon argumentée en vous appuyant sur des documents du corpus, vos lectures de l'année et vos connaissances personnelles.

> Les conseils pour réussir
>
> **a.** Relisez attentivement le chapitre 2 afin d'expliquer comment la gentrification a pu s'imposer dans la capitale.
> **b.** Appuyez-vous sur le texte de Catherine Calvet pour identifier les principaux obstacles à la mixité sociale.
> **c.** Revisionnez le film de Romain Quirot, *Apaches*, afin de comprendre comment l'absence de mixité sociale peut conduire à des affrontements.

Ouvrir Paris au XXIe siècle

■ Première partie : synthèse (/40 points)

Vous rédigerez une synthèse concise, objective et ordonnée des documents suivants.

Document 9 • GERTRUDE STEIN, *Paris-France* (p. 33)
Document iconographique 19 • FRANCK FIFE, La tour Eiffel et les toits de Paris à travers une brume de pollution (p. 64)
Document 28 • FRÉDÉRIC CHOULET ET JEAN-GABRIEL BONTINCK, « Tout ce que le Grand Paris va changer pour vous » (p. 101)
Document 30 • JEAN-CHRISTOPHE BAILLY, *Paris quand même* (p. 107)

Les conseils pour réussir

a. Mettez en évidence, dans le texte de Gertrude Stein, la capacité de Paris à s'ouvrir à toutes les cultures.
b. Confrontez l'article de Frédéric Choulet et Jean-Gabriel Bontinck et la photographie de Franck Fife afin de montrer comment le Grand Paris doit relever les défis écologiques.
c. Identifiez, dans le texte de Jean-Christophe Bailly, les critères qui définissent une ville ouverte.

■ Seconde partie : Écriture personnelle (/20 points)

Comment Paris peut-elle s'ouvrir aux défis du XXIe siècle ?

Vous répondrez à cette question d'une façon argumentée en vous appuyant sur des documents du corpus, vos lectures de l'année et vos connaissances personnelles.

Les conseils pour réussir

a. Relisez le chapitre 3 en vous intéressant plus particulièrement aux défis que doit relever Paris.
b. Mettez en évidence, dans l'article de Frédéric Choulet et Jean-Gabriel Bontinck, les défauts que Paris doit corriger.
c. Appuyez-vous sur le texte de Jean-Christophe Bailly pour mettre en lumière les limites des projets du Grand Paris et de l'organisation des Jeux olympiques d'été 2024.

FICHE n°1 — Construire une synthèse de documents

INFO

- Notée sur 40, la synthèse est l'une des deux parties de l'épreuve écrite de culture générale et expression au BTS.
- Cet exercice consiste à rapprocher et confronter un ensemble de 3 ou 4 documents (également appelé corpus) dans une synthèse rédigée, construite et objective qui en fera apparaître les points de convergence et de divergence.
- Le devoir doit se présenter sous la forme d'une composition, avec une introduction, un développement et une conclusion rédigés.

*Pour réussir la synthèse, il faut procéder en **4 étapes**.*

⋯▷ ÉTAPE ❶ Lire le dossier

- Lisez tout d'abord attentivement le titre du dossier : il annonce le thème traité et vous sert de guide.
- Prenez connaissance du paratexte de chaque document. Vous y trouverez des informations précieuses : sur l'auteur, le titre, la date et la source.
- Lisez enfin avec soin l'ensemble du dossier une première fois pour identifier les idées clés.

⋯▷ ÉTAPE ❷ Reformuler et classer les idées clés

- Après les avoir identifiées, reformulez chacune des idées clés : énoncez-les d'une manière différente de celle du texte, en tâchant de les expliciter.
- Relisez les idées reformulées et surlignez dans la même couleur celles qui se rapportent à un même groupe d'idées.
- Vous obtenez différents groupes d'idées ou thèmes : en général deux ou trois. Donnez-leur un titre.
- Faites un tableau récapitulatif permettant de visualiser, pour chaque thème, les points communs et les différences entre les documents.

⇢ ÉTAPE ❸ Trouver la problématique

■ Chaque thème peut être associé à une interrogation. S'ouvre alors un débat entre les différents thèmes identifiés que l'on peut formuler sous la forme d'une question : c'est la problématique générale de la synthèse.

⇢ ÉTAPE ❹ Construire le plan

■ Les deux ou trois grands thèmes identifiés correspondent aux deux ou trois grandes parties du plan. Classez-les du plus simple au plus complexe de manière à proposer une progression dans le plan.

■ Pour chaque partie, déclinez l'idée directrice en deux ou trois arguments clés qui permettent d'asseoir la démonstration.

■ N'oubliez pas de rédiger, toujours au brouillon, de brefs paragraphes de transition articulant chacune des grandes parties entre elles.

L'astuce

Il est souvent utile d'adopter un plan analytique exposant les causes, les conséquences et les solutions aux problèmes posés dans les documents.

Le piège !

Évitez absolument un plan énumératif qui analyse un à un les documents sans proposer de synthèse. Il faut toujours procéder à un recoupement entre les différents documents.

FICHE n° 2 — Traiter un sujet d'écriture personnelle

INFO

- Notée sur 20, l'écriture personnelle est l'une des deux parties de l'épreuve écrite de culture générale et expression au BTS.
- Cet exercice consiste à répondre de manière argumentée à une question relative aux documents du dossier. La question invite le candidat à confronter les documents proposés à l'étude pour la synthèse aux connaissances acquises durant l'année scolaire sur le thème.
- L'écriture personnelle réclame du candidat une prise de position claire et définie sur la problématique qui sera développée sous la forme d'une composition française de 80 à 100 lignes maximum. Elle doit comporter une introduction, un développement et une conclusion rédigés.

*Pour réussir l'écriture personnelle, il faut procéder en **6 étapes**.*

⟶ ÉTAPE ❶ Analyser le sujet

- Lisez tout d'abord attentivement le sujet dont la formulation est toujours identique : il s'agit soit d'une question ouverte soit d'une citation à commenter en lien avec l'un des deux thèmes traités durant l'année.
- Identifiez les mots clés qui permettent de délimiter le sujet. Ces mots clés doivent être reformulés pour favoriser la recherche d'idées et inviter à poser les termes du débat.
- La confrontation des documents du dossier et de vos connaissances personnelles vous permettra de définir une problématique autour de laquelle vous pourrez articuler votre questionnement.

⟶ ÉTAPE ❷ Trouver les arguments

- L'écriture personnelle s'articule autour de six à neuf arguments principaux. Chacun de ces arguments est présenté dans un paragraphe distinct. L'idée directrice y est énoncée puis illustrée avec un exemple précis puisé dans l'un des documents du dossier ou dans vos connaissances personnelles.
- Pour trouver les arguments principaux :
— relisez les documents du dossier ;
— passez en revue vos connaissances personnelles acquises durant l'apprentissage des thèmes.

■ Une fois les idées et les exemples trouvés, confrontez-les pour éviter les redites et le hors sujet. Chaque idée doit bien répondre à la problématique.

⋯▸ ÉTAPE ❸ Construire son plan

■ Trois règles sont indispensables pour élaborer votre plan :
– classez les idées selon leur degré d'importance ;
– énoncez de manière claire chaque idée et enchaînez-les de façon logique et cohérente ;
– démontrez toujours au lieu d'affirmer vos idées.

■ Quel que soit le plan adopté, vous devez avant tout fonder votre propos sur une argumentation personnelle.

■ Trois types de plans sont possibles pour organiser vos idées :
– Avantages / Inconvénients / Solutions.
– Causes / Conséquences / Solutions.
– Explication / Nuances / Reformulation de la question.

⋯▸ ÉTAPE ❹ Rédiger l'introduction

■ L'introduction comporte trois étapes :
– commencez par présenter le sujet avec une phrase d'accroche ;
– présentez la problématique sous la forme d'une question ;
– annoncez le plan en soulignant son mouvement démonstratif à l'aide de liens logiques.

⋯▸ ÉTAPE ❺ Rédiger le développement

■ Suivant le modèle de la composition française, le développement propose trois parties rédigées distinctement. Elles doivent être séparées par des sauts de lignes et marquées par des alinéas signalant chaque début de nouveau paragraphe.

■ Chaque partie définit d'abord son idée directrice. Suit l'énonciation de chaque argument illustré pour chacun d'exemples précis.

■ Chaque partie et chaque idée s'enchaînent et s'articulent à l'aide de liens logiques.

⋯▷ ÉTAPE ❻ Rédiger la conclusion

■ La conclusion comporte deux étapes :
– commencez par répondre sous la forme d'un bilan à la problématique posée en introduction ;
– puis ouvrez et élargissez le sujet à l'aide d'une question.

L'astuce

Confrontez les idées et les exemples en les organisant de manière personnelle pour aboutir à une réponse individuelle.

Le piège !

Évitez de traiter le sujet comme une question réclamant une prise de position subjective ! Vous devez donc impérativement éviter les formules comme « selon moi », « pour ma part », « personnellement » ou « je pense que ».

FICHE n° 3 — Analyser un texte d'idées

INFO

■ Les textes d'idées sont des documents écrits qui n'appartiennent pas à la fiction comme le roman ou le théâtre : essais sociologiques, dialogues philosophiques, articles de presse, entretiens, documents de référence…

■ Ils constituent les documents les plus nombreux dans les corpus de synthèse. Les idées qu'ils contiennent sont exprimées directement dans un discours informatif.

*Pour analyser un texte d'idées, il faut procéder en **4 étapes**.*

⇢ ÉTAPE ❶ Identifier le texte d'idées

■ Les textes d'idées ne racontent pas une histoire et ne décrivent pas des personnages ou des lieux comme le fait le roman.

■ Même s'ils abordent des situations concrètes, leur fonction est d'exposer et de mettre en relation des notions abstraites, d'expliquer des faits, de proposer des réflexions, des points de vue, des prises de position argumentés.

■ Ces textes relèvent du discours argumentatif. Ils peuvent être polémiques ou satiriques.

■ Pour mieux les identifier, aidez-vous du paratexte qui contient toutes les informations nécessaires pour présenter le document : auteur, titre, source, date de publication…

⇢ ÉTAPE ❷ Déterminer le thème global du texte, savoir qui parle

■ La première lecture d'un texte d'idées doit vous permettre de déterminer son thème global.

■ La mise en évidence du lexique dominant vous aidera à répondre à la question : « De quoi s'agit-il ? ».

■ Il est indispensable que vous trouviez à qui appartiennent les idées énoncées. Celui qui parle est celui qui signe l'œuvre ou l'article. Toutefois, il arrive fréquemment à l'auteur de reprendre des points de vue ou des paroles qui ne lui appartiennent pas.

⇢ ÉTAPE ❸ Identifier les idées, les arguments, les exemples

■ Le texte d'idées confronte des notions, des points de vue, des théories qui ne vont pas nécessairement dans le même sens. Identifiez-les tous, cela vous permettra de définir la ou les problématiques.

■ Les orientations différentes des idées sont perceptibles grâce à plusieurs indices :
– la présence de champs lexicaux qui s'opposent ;
– la présence de figures d'opposition comme les antithèses, les paradoxes, et d'articulations qui soulignent les divergences : mais, cependant, à l'inverse, au contraire…

■ Les exemples illustrent les idées ou constituent leur point de départ. Ils sont concrets et souvent imagés. Identifiez-les rapidement car ils vous faciliteront la compréhension des concepts.

⇢ ÉTAPE ❹ Mettre en évidence la structure du texte

■ Pour mettre en évidence la structure du texte, déterminez le type de raisonnement et le plan suivis par l'auteur.

■ Le texte peut être construit selon trois types de plan :
– un plan dialectique : il permet la confrontation à partir d'une thèse de différents points de vue ;
– un plan déductif : il permet de tirer des conséquences à partir d'un fait ou d'une cause ;
– un plan linéaire : le texte développe une même idée en l'illustrant de manière détaillée et approfondie.

L'astuce

Repérer les mots de liaison aide à découvrir les grandes articulations de la pensée et le type de raisonnement adopté dans un document.

Le piège !

Ne confondez pas arguments et exemples ! Les arguments développent toujours des idées articulées logiquement alors que les exemples, beaucoup plus factuels, sont toujours des illustrations concrètes des idées.

FICHE n°4 — Analyser une image

INFO

- Les corpus de synthèse peuvent comporter différents types d'images : peintures, photos, affiches de film, bandes dessinées, gravures…
- Il s'agit de faire apparaître le message visuel délivré par l'image grâce à certains procédés de mise en valeur.

*Pour analyser une image, il faut procéder en **4 étapes**.*

ÉTAPE ❶ Identifier le document

■ Préoccupez-vous en premier lieu de la nature de l'image étudiée. De sa nature dépend l'interprétation qui en sera fournie : un tableau ne s'analyse pas de la même manière qu'une photographie ou une bande dessinée.

■ Ensuite, identifiez la source de l'image : il s'agit de repérer les diverses sources de l'œuvre, de son auteur à la date de publication ou d'exécution. Vous serez également attentif au titre de l'œuvre ou à la légende qui, d'emblée, orientent l'interprétation.

■ Enfin, identifiez précisément la nature de l'image : il faut savoir distinguer une peinture d'une photographie, d'une gravure, d'un dessin de presse ou encore d'une affiche de film. Vous mettrez en évidence le courant auquel l'œuvre appartient (impressionnisme, cubisme, Pop Art par exemple) et la technique utilisée par l'artiste (photographie noir et blanc, dessin au fusain par exemple).

ÉTAPE ❷ Étudier le sujet représenté

■ Repérez qui et ce qui est représenté. S'agit-il d'un ou de plusieurs personnages ? Comment sont-ils vêtus ? À quelle époque se situe la scène ? Quel est le décor ? Que révèle-t-il des personnages représentés ?

ÉTAPE ❸ Étudier la composition de l'image

■ Décrivez comment se compose plastiquement et techniquement l'image. Quelles sont les principales lignes du dessin ? De combien de plans se compose l'image? L'arrière-plan joue-t-il un rôle? Quel est le cadrage utilisé? Quels sont les effets de perspective? Y a-t-il un usage particulier des couleurs et de la lumière? L'image est-elle accompagnée d'une légende?

⋯▸ ÉTAPE ❹ Interpréter le message visuel

■ Demandez-vous quel message est délivré par l'image. Pour répondre à cette question, partez des éléments mis en évidence dans les deux précédentes étapes; ils vous aideront à découvrir les pistes d'interprétation du message visuel.

■ Quatre pistes d'interprétations sont possibles:
– si le message est explicatif, posez-vous les questions suivantes: qu'est-ce que l'image veut expliquer? Dénonce-t-elle un problème? Cherche-t-elle à séduire et à persuader?
– si vous devez établir un lien entre l'image et un texte, posez-vous les questions suivantes: quelles sont les relations entre le texte et l'image? Comment le visuel s'articule-t-il à la légende, au slogan ou au titre de l'image?
– si vous devez étudier le registre de l'image, posez-vous les questions suivantes: l'image est-elle satirique, pathétique ou lyrique?
– si vous voulez connaître sa fonction, son utilité, posez-vous les questions suivantes: quelle peut être l'utilisation de l'image? S'agit-il d'une image intime? d'une publicité? d'une affiche de propagande ou encore d'une image religieuse?

L'astuce

Étudiez les couleurs avec précision en distinguant couleurs chaudes et couleurs froides. Cela vous permettra de cerner avec efficacité la visée de l'image.

Le piège!

Ne vous contentez pas de décrire l'image! Vous devez toujours chercher le message visuel en vous aidant le plus possible des éléments verbaux présents dans l'image: titre, légende, slogan, bulles de bande dessinée notamment.

CLASSÉS PAR GENRE

📖 Articles

DOC 5 • **FLÉCHAIRE L.**, « Les comptes d'Haussmann »	*23*
DOC 15 • **CALVET C.**, « Habiter Paris est un signe clair de domination sociale »	*53*
DOC 18 • **MOUCHON F.**, « En province, certains ont le sentiment de compter pour rien »	*61*
DOC 20 • **FOULON A.**, « Île-de-France : plus de la moitié des communes du cœur de métropole manque d'espaces verts »	*65*
DOC 21 • **DURAND M.**, « Pourquoi Paris se vide de ses habitants ? »	*68*
DOC 24 • **SARDIER T.**, « L'exode urbain, ce n'est pas pour toute fuite »	*85*
DOC 25 • **KOENIG G.**, « Pour en finir avec le jacobinisme »	*89*
DOC 26 • **NÍ CHÚLÁIN A. et DAVLASHYAN N.**, « Qu'est-ce que la ville du "quart d'heure" et comment peut-elle changer nos vies ? »	*92*
DOC 27 • **SZEFTEL E.**, « À Paris, la mixité sociale est forte et se maintient »	*96*
DOC 28 • **CHOULET F. et BONTINCK J.-G.**, « Tout ce que le Grand Paris va changer pour vous »	*101*

📖 Essais, textes d'idées

DOC 1 • **PINÇON M. et PINÇON-CHARLOT M.**, « Paris, ville capitale », *Sociologie de Paris*	*14*
DOC 7 • **CHARLE C.**, « La centralisation culturelle », *Paris, « capitales » des XIXe siècles*	*28*
DOC 23 • **HAZAN É.**, *Le Tumulte de Paris*	*82*
DOC 30 • **BAILLY J.-C.**, *Paris quand même*	*107*

Textes littéraires

DOC 3 • **HUGO V.**, « Suprématie de Paris », *Paris*		17
DOC 4 • **BALZAC H. (DE)**, *Le Père Goriot*		20
DOC 8 • **APOLLINAIRE G.**, « Zone », *Alcools*		31
DOC 9 • **STEIN G.**, *Paris-France*		33
DOC 10 • **HEMINGWAY E.**, *Paris est une fête*		35
DOC 12 • **ROUSSEAU J.-J.**, *Les Confessions*, Livre IV		47
DOC 13 • **APOLLINAIRE G.**, *Le Flâneur des deux rives*		49
DOC 16 • **BALZAC H. (DE)**, *La Muse du département*		58
DOC 22 • **VERLAINE P.**, « Paris », *Poèmes divers*		80

Visuels

CINÉ&CIE CHAPITRE 1 • **ALLEN W.**, *Minuit à Paris*		10
DOC 2 • **DELACROIX E.**, *La Liberté guidant le peuple*		16
DOC 6 • **BÉRAUD J.**, *Après l'office à l'église de la Sainte Trinité, Noël 1890*		26
DOC 11 • **STAR D.**, *Emily in Paris*		37
CINÉ&CIE CHAPITRE 2 • **KASSOVITZ M.**, *La Haine*		42
DOC 14 • **QUIROT R.**, *Apaches*		52
DOC 17 • **CAMU V. et LUCAS H.**, *Désordre sur les Champs-Élysées lors d'une manifestation des Gilets jaunes*		60
DOC 19 • **FIFE F.**, *La tour Eiffel et les toits de Paris à travers une brume de pollution*		64
CINÉ&CIE CHAPITRE 3 • **WINOCOUR A.**, *Revoir Paris*		76
DOC 29 • **HULLEU F.**, *Visuel du projet de la cérémonie d'ouverture des Jeux olympiques Paris 2024 sur la Seine*		106

Table des illustrations

2ᵉ de couverture • Affiche du film *Minuit à Paris* (2011), de Woody Allen
© Mediapro / Versatil Cinema – Collection Christophel

3ᵉ de couverture • Virginie Efira dans le film *Revoir Paris* (2022), d'Alice Winocour
ph © Stéphanie Branchu / Darius Films/Dharamsala – BBQ_DFY / Aurimages

Page I • Eugène Delacroix, *Le 28 juillet 1830. La Liberté guidant le peuple* (1830), huile sur toile (260 × 325 cm), Paris, musée du Louvre
ph © AED / Opale.photo

Page II • Jean Béraud, *Après l'office à l'église de la Sainte Trinité, Noël 1890* (1901), huile sur panneau (50,5 × 67,3 cm), Paris, musée d'Orsay
ph © Hervé Champollion / akg-images

Page III • Lily Collins et Lucien Laviscount dans la série *Emily in Paris* créée par Darren Star (2020)
ph © Stéphanie Branchu / Netflix – Courtesy Everett Collection / Aurimages

Page IV • Vincent Cassel, Saïd Taghmaoui et Hubert Koundé dans le film *La Haine* de Mathieu Kassovitz (1995)
© Les Productions Lazennec / Studio Canal – Collection Christophel

Page V • Affiche du film *Apaches* (2023), de Romain Quirot
© Apaches / Studio Exception – Collection Christophel

Page VI • Désordre sur les Champs-Élysées lors de la manifestation des Gilets jaunes. Paris, le 24 novembre 2018
ph © Valentina Camu / Hans Lucas / Hans Lucas via AFP

Page VII • Photo prise le 18 mars 2015, qui montre la tour Eiffel et les toits de Paris à travers une brume de pollution, alors que la ville connaît un pic de pollution périodique
ph © Franck Fife / AFP

Page VIII • Visuel du projet de la cérémonie d'ouverture des Jeux olympiques Paris 2024 sur la Seine
© Paris 2024 Florian Hulleu

Conception graphique de la maquette : studio Favre & Lhaïk
Mise en pages : Soft Office – 8 pages couleurs : Clarisse Mourain
Iconographie : Hatier illustration
Suivi éditorial : Delphine Livet

s'engage pour l'environnement en réduisant l'empreinte carbone de ses livres. Celle de cet exemplaire est de : 300 g éq. CO_2
Rendez-vous sur www.hatier-durable.fr

Dépôt légal n° 10559-5/01 - Août 2023
Achevé d'imprimer en Espagne par CPI Black Print